하나님의 성격 수업

하나님의 성격 수업
© 생명의말씀사 2024

2024년 1월 25일 1판 1쇄 발행
2024년 9월 25일　　 3쇄 발행

펴낸이 | 김창영
펴낸곳 | 생명의말씀사

등록 | 1962. 1. 10. No.300-1962-1
주소 | 서울시 종로구 경희궁1길 6 (03176)
전화 | 02)738-6555(본사) · 02)3159-7979(영업)
팩스 | 02)739-3824(본사) · 080-022-8585(영업)

기획편집 | 서정희, 김자윤
디자인 | 최종혜
인쇄 | 영진문원
제본 | 보경문화사

ISBN 978-89-04-16862-0 (03230)

저작권자의 허락 없이 이 책의 일부 또는 전체를
무단 복제, 전재, 발췌하면 저작권법에 의해 처벌을 받습니다.

하나님의 성격 수업

서창희 지음

내 성격이
선물이 될 수 있다고요?

MBTI로 살펴보는 크리스천의 올바른 성격 이해
기질대로 살던 나를 넘어 예수님의 완전한
성품을 만나는 여정

생명의말씀사

목차

추천사 06
들어가는 글 12

1부 외향성(E)과 내향성(I) 다가가고 연결한다   25
  1. 잃어버린 선물을 되찾는 길   27
  2. 고독을 선물합니다 vs 표현해 드릴게요   40
  3. 외향형(E)의 거듭남 아무리 사람을 만나도 지치지 않아 50
  4. 내향형(I)의 거듭남 관계 속에서 좋은 일을 기대하기   61

2부 감각(S)과 직관(N) 경험을 초월한 세계로 나아간다   75
  1. 뜬구름 잡는 소리가 듣기 싫어요   77
  2. 상상할 자유 vs 예측할 권리   91
  3. 감각형(S)의 거듭남 새로운 일을 시도하는 원칙   101
  4. 직관형(N)의 거듭남 주어진 것 중에 새로운 것이 있다   110
     크리스천 MBTI 테스트   120

3부 사고(T)와 감정(F) 원칙을 지키며 사람도 살린다   125

1. 펑펑 울다가 크게 소리치신 예수님   127
2. 포장해서 말하기 vs 반응해 주기   140
3. 사고형(T)의 거듭남 사랑하지만 너무 차가운 사람   152
4. 감정형(F)의 거듭남 좋은 감정은 좋은 방법을 찾는다   161

4부 판단(J)과 인식(P) 계획이 무너질 때 더 큰 계획이 보인다   171

1. 나의 계획은 무너져야 한다   173
2. 먼저 질문해 주세요 vs 몰아치세요   183
3. 판단형(J)의 거듭남 무산과 충돌의 시간   193
4. 인식형(P)의 거듭남 압박과 강요의 시간   201

추천사

『하나님의 성격 수업』은 단순한 '성격분석 차원'을 넘어 보다 '영적인 차원'으로 우리를 이끌어 갑니다. 이 책은 하나님의 선하신 계획에 따라 부여받은 우리 각자의 성격이 '그리스도의 장성한 분량이 충만한 데까지' 이를 수 있는 길이 거듭남에 있다고 말합니다.

또한 성격의 정화와 하나님의 성품을 받아들이는 과정에서 '나'와 '남'을 존중하게 되고, 각자의 성격이 서로에게 선물이 되어준다는 아름다운 관점을 제시하고 있습니다.

이 책을 읽는 동안 그동안 나의 성격이 누군가에게 선물이 아닌 폭탄이었던 때가 얼마나 많았었는지 떠올라 얼굴이 화끈거리기도 했습니다. 그만큼 이 책은 독자들이 하나님 앞에서의 성격 변화의 필요성을 깨닫게 도와주며, 그 변화의 끝에는 완전한 성격의 종결자이신 예수 그리스도와의 만남이 있다는 것을 가르쳐주고 있습니다.

하나님의 뜻에 따라 창조된 성격이 그리스도 안에서 거듭나 '이전 것은 지나고 새것이 되는' 참된 변화를 경험하고자 하는 분들에게 이 책을 강력하게 추천합니다.

박에스더(한국진로적성센터 대표, 목회자, 교육학자)

MBTI 유형별 성격에 대한 이야기는 요즘 가장 핫한 주제를 넘어서 타인과 자아를 파악하는 일종의 '상식'이 되어버린 듯합니다. 그러한 의미에서 성격 유형에 대한 기독교적 해석과 통찰을 보여준 이 책의 출간은 매우 시의적절하다고 생각합니다. 이 책의 탁월함은 성격 유형별 특징과 장단점을 열거하는 것에 머물지 않고, '기질의 거듭남'이라는 비전을 통하여 각 사람의 고유한 성격이 얼마나 큰 가치가 있는지를 밝혀주는 데에 있습니다. 내면에 담긴 하나님의 선물을 발견하기 원하는 모든 분들께 유익한 책이라 확신합니다.

이요한(기쁨의교회 담임목사, 쉐이커스 미니스트리 대표)

　자신의 성격을 남과 비교하며 위축되고 비교의식에 빠지는 사람들이 많습니다. 이 책을 통해 내 성격은 하나님이 주신 선물임을 깨닫기를 바라며, 열등감을 극복하고 각자의 성격을 통해 하나님 앞에 쓰임 받기를 원하는 분들께 주저없이 이 책을 권합니다.

주영훈(CBS 〈새롭게 하소서〉 진행자, 작곡가)

사람이 거듭나면 성격에 어떤 변화가 일어나겠습니까? 아니, 성격의 거듭남이란 것이 있을 수 있을까요? 아마도 저와 같이 MBTI로 신앙서적을 쓴다는 것이 너무 가벼운 주제는 아닐까 하는 선입견을 가지신 독자가 계실지도 모르겠습니다. 하지만 이 책을 손에 잡고 보면 왜 기독교인에게 이 책이 필요한지 금방 아시게 될 것입니다.

이 책은 성격의 다양성을 격려하면서도 자칫 혼자 빠지기 쉬운 옛 성격의 고집스러움을 지적하고, 거듭난 사람으로서 자라야 할 성격 성장의 목표를 가르쳐 줍니다. 그래서 우리 독자들로 하여금 자기 성격의 장단점에 갇히지 않고, 관계 속에서 다른 사람을 공감하고 섬김으로써 성장하고 성숙하는 성격이 되도록 방향을 안내합니다. 거듭난 사람의 성격에는 영적인 책임이 주어지기 때문입니다.

어쩌면 나 자신의 성격은 그렇고 그런 나의 한 모습이 아니라 사명이기도 한 것 같습니다. 나를 이렇게 지으신 하나님의 의도를 받아들임으로써 첫째는 견고한 자아상을 가질 수 있고, 둘째는 자신의 장점으로 주님과 이웃을 사랑하고 봉사할 수 있으며, 셋째는 이런 봉사와 섬김을 위해 자신을 계속 변화시켜야 하기 때문입니다.

성격 이야기에 예수님의 복음이 전해지는 이 책은 참 놀랍습니다. 성격이 궁금하여 책을 열었는데 그리스도의 성육신과 십자가와 부활, 영광과 재림의 이야기로 자연스럽게 안내하는 것이 이 책의 아주 특별한 풍경입니다.

모든 성격과 감각은 하나님이 주셨습니다. 많은 장점이 있는 반면, 우리는 여전히 죄인이기에 부족함과 결핍도 같이 있습니다. 하지만 이 책은 부족과 결핍이 있다고 해서 무가치하지 않으며, 내 성격에 단점과 불만이 있는 것이 나만의 이야기도 아님을 보여줍니다. 그리고 모든 이들의 아름다운 성격들을 퍼즐로 모아보면 거기에 그리스도의 완성된 모습이 보입니다.

결국 이 책은 나 자신을 이해하기 위해 필요할 뿐만 아니라, 나와 다른, 아니 정반대의 사람도 얼마나 나에게, 그리고 하나님께 필요하고 소중한 사람인가를 일깨워주는 좋은 친구와 같습니다. 성숙한 그리스도인들과 독자들에게 이 책을 적극 추천드립니다.

하재성(고려신학대학원 목회상담학 교수, 『특별한 부르심, 특별한 아픔』 저자)

"내 성격과 인간관계, 이런 고민이 있어요."

Q. 조용하게 혼자 신앙생활 하고 싶은데 교회에서 꼭 공동체 활동을 해야만 하나님이 기뻐하시는 건지 궁금해요.

Q. 회사 동료와 성격도 다르고 업무 스타일도 달라서 신경쓰일 때가 많아요. 어떻게 하면 잘 지낼 수 있을까요?

Q. 저는 감정 토로를 잘 하는 친구한테 공감이 잘 안 되는데, 그럴 때도 상대를 위해 공감하는 척해야 할까요?

Q. 미리 계획해서 제 시간에 끝내는 계획형(J) 사람들이 부러워요. 저는 왜 이렇게 무계획적일까요?

Q. 저희 남편은 즉흥적이라(P) 시도 때도 없이 일을 벌이는데 저와 성향이 너무 달라서 힘들어요.

들어가는 글 완전한 성품을 만나는 여정

감가상각의 시대: 변하는 것에 지쳤다

삶은 더 가치 있는 것을 찾아가는 여정입니다. 청소년은 학업을, 대학생은 취업을, 직장인은 부업을 고민하며 삽니다. 그래야 내 인생이 더 가치 있어질 수 있기 때문입니다.

요즘 가치 있는 것들의 함정이 있습니다. 쉽게 변한다는 것입니다. 공무원 시험에 합격했던 친구가 있습니다. 몇 년 전만 해도 "너는 인생 걱정이 없겠다"라는 말을 들으며 살았습니다. 하지만 최근에 그는 직장을 그만둘 생각까지 하고 있습니다. 치솟는 물가에 비해 소득이 만족스럽지 않을 뿐만 아니라, 업무 강도가 낮다는 매력도 사라진 지 오래이기 때문입니다. 유망한 IT 기업에 취업한 한 개발자는 끊임없는 공부 스트레스에 시달립니다. IT 기술이 너무 빨리 변해서 트렌드에 맞게 새로운 개발 툴을 익히지 않으면 자신이 가진 지식마저 더 이상 가치가 없어진다는 게 그 이유입니다. 우리는 무엇을 잡으면, 그 순간 가치가 급격히 떨어지는 '감가상각의 시대'를 살고 있습니다.

사람들이 많이 지쳐 있습니다. 이것이 중요하다길래 이 일을 열심히 해 놨더니, 막상 이제는 다른 것이 트렌드라고 합니다. 이쪽을 향해 방망이를 휘둘렀더니 저쪽에서 고개를 내미는 두더지 게임 같습니다. 내가 쏟아온 모든 노력이 순식간에 무용지물이 되는 세상입니다. 다들 변하는 것에 지쳐 있습니다. 내가 무엇을 잘하는 사람이고, 무엇을 향해 가는 사람인지도 헷갈립니다. 변하는 것들 속에서, 문득 이런 생각이 듭니다. **"과연 내가 가진 것 중에 진정한 나를 말해 줄 수 있는 '확실한 것'이 있을까?"**

변하지 않는 확실한 것

희소한 것은 언제나 그 가치를 높이 평가받기 마련입니다. 모든 가치가 쉽게 변한다고 했습니다. 그런 세상에서는 무엇이 희소합니까? 변하지 않는 것이 희소합니다. 내 안에 있는 것 중에서 변하지 않는 것은 무엇입니까? 나이도 변하고, 그에 따라 외모도 변하고, 직업도 변하지만, 그 안의 쉽게 바뀌지 않는 가치 중의 하나가 성격입니다. 성격은 내 속에 있는 그나마 가장 확실한 것입니다.

그러면 이해가 됩니다. 지금까지 성격은 나의 살아가는 '방식'을 표현하는 도구일 뿐이었습니다. 이제는 그렇지 않습니다. 시대가 바뀌었습니다. 성격은 **내 존재를 규정짓는 '정체성'**이 되었습니다. 사람들은 좋은 성격으로 바뀌려고 성격을 분석하지 않습니다. 그것은 도구적인 접근입니다. 단지 내 성격 자체를 알고 싶습니다. 이것은 존재론적인 접근입니다. 변하는 시대 속에 모두가 변하지 않는 나의 기반을 찾고 있습니다. 나를 규정해 줄 수 있는 그 무엇을 갈구하고 있습니다. 성격에 대한 관심은, 사실 변하지 않는 '나'라는 존재가 과연 누구인가라는 정체성을 찾는 영적인 갈망입니다.

변하지 않는 것을 찾는 여정은 내가 관계 맺는 사람들에게도 똑같이 적용됩니다. 최근 관계가 어렵다는 말을 많이 듣습니다. 변하는 것을 중심으로 관계를 맺을 수밖에 없는 시대이기 때문입니다.

처음 이성을 사귈 때 무엇을 보나요? 프로필 사진과 SNS에 올린 피드들을 봅니다. 그 순간의 외모, 그 순간의 웃음, 그 순간의 능력 속에서 발산되는 매력들을 확인하며 호감을 느낍니다. 분명 멈춰 있는 사진이요, 조작이 아닌 확실한 이미지입니다. 난 분명 그 '확실한 것'을 잡으러 갑니다. 하지만 속임수가 있습니다.

사진과 피드는 멈춰 있지만, 그 존재가 멈춰 있는 게 아니라 사진과 피드만 멈춰 있었던 것입니다. 피드 속에 있던 그 사람들의 인생은 계속해서 변하고 있습니다. 막상 만나보니 성공으로 웃고 있었던 사람이 인생의 큰 슬픔으로 울기도 합니다. 이미지로는 괜찮게 보였던 사람도 나이가 들어감을 발견합니다. 만나보니 그 사람이 가진 모든 가치가 계속 변합니다. 내가 기대했던 그 사람의 모습이 변하면서 나의 마음도 흔들립니다. 난 이 사람을 진정 사랑했던 것이 맞습니까? 만약 진심으로 이 사람을 사랑하기를 원하고 정말로 이 사람을 알아가고 싶다면 그 사람 안에 있는 변하지 않는 것을 찾아야 합니다.

기질은 변하지 않는 것이라고 했습니다. 사람을 만날 때, 사람을 뽑을 때 먼저 그 사람의 성격을 파악하려고 하는 것은 그 사람 안에 변하지 않는 확실한 것을 찾고자 하는 노력입니다. 요즘 젊은 분들이 상대방의 성향을 따지며, 기질을 먼저 알고 싶어 하는 것을 조건적인 만남이라고 함부로 폄훼하면 안 됩니다. 상대방의 성격을 알고 싶어 하는 것은 가장 확실한 것을 찾기 위한 관계 속의 고민입니다.

성격은 주어지는 것이다

사람에게는 정말 태어날 때부터 주어진 성격, 즉 기질이 있습니까? 성경은 그렇다고 말합니다. 이삭의 두 아들 에서와 야곱이 있었습니다. 성경은 두 사람의 성격을 이렇게 묘사합니다.

> 그 아이들이 장성하매 에서는 익숙한 사냥꾼이었으므로 들사람이 되고 야곱은 조용한 사람이었으므로 장막에 거주하니(창 25:27).
> ⋯ Jacob was a quiet man, dwelling in tents.(ESV)

에서는 외향적인 들사람이었습니다. 밖에 나가서 사냥하는 것을 좋아했습니다. 반면 야곱은 조용해서(quiet) 방구석에만 있었다고 말합니다. 두 사람은 같은 부모 밑에서 자랐습니다. 환경이 비슷했습니다. 하지만 성경은 같은 가정 환경에서도 다른 기질의 사람이 존재할 수 있음을 보여주고 있습니다.

성격은 주어지는 것입니다. 성격은 하나님이 주시는 선물입니다. 살아가면서 다듬어지는 방식에 따라 조금씩 고쳐지고 변화될 수는 있지만, 사람은 태어날 때부터 저마다 갖는 특징적인 기질이 있습니다.

만약 성격이 백지에서 그림을 그리는 일이라면 새롭게 그려나가는 '창작'이 중요하겠지만, 이미 그려진 그림이라면 그 그림을 먼저 '발견'하는 것이 중요합니다. 하나님이 사람마다 성격을 다르게 창조하셨습니다. 따라서 하나님의 사람들이 하나님의 일을 하기 전에, 자신의 성격을 발견하고 분석하려는 것은 하나님 앞에서 매우 중요한 일입니다.

기질? 성격?

성격과 관련된 단어를 간단히 정리하면 좋을 것 같습니다. 태어날 때부터 한 사람에게 나타나는 인격적인 특징을 '기질(temperament)'이라고 합니다. 기질은 물려받은 것이기 때문에 변하지 않습니다.

심리학자인 사라 클레멘테는 타고난 기질에 대하여 이렇게 설명합니다.

아기에게서도 다양한 기질을 볼 수 있다. 예를 들어, 어떤 아기는 긍정적인 감정이나 부정적인 감정을 더 잘 드러내고 더 느낄 수 있다. (…) 기질은 유전으로 물려받은 특질에서 나오기 때문에, 조종하거나 바꾸기가 어렵다. 어떤 식으로든, 기질은 항상 남아 있다. 그렇다고 이를 바꾸기 위한 노력을 할 수 없는 것은 아니다. 만약 당신이 빙산이라면, 기질은 물속에 있는 조각이다. 그래서 물밖으로 조각이 어떻게 튀어 나오게 할지는 스스로 통제할 수 있다.[1]

하지만 사람의 인격은 여러 가지 환경이나 교육에 영향을 받으며 발달되고 다듬어지게 됩니다. 이를 '성격(character)'이라고 합니다.

성격은 기질(물려받은 특질)과 후천적으로 배운 사회적 및 교육적 습관이 결합된 것이다. 즉, 이것은 기질의 타고난 요소와 살면서 배운 요소를 모두 포함한다. 성격은 삶에서 나온 경험 및 사회적 상호작용의 결과이다. 그래서 이러한 습관들이 기질과 생물학적 성향에 영향을 미친다. 그 습관은 성향을 조절하고 다듬어, 인격을 형성한다. 이러한 이유로 성격의 근본은 문화 속에 있다.[2]

결국 사람은 기질이라는 밑바탕에 여러 가지 경험과 교육이 더해지며 그 고유한 성격이 형성된다고 정리할 수 있습니다. 다만 이 책에서는 '성격'을 '기질'에 가까운 의미로, 큰 구분 없이 교호적으로 사용하고자 합니다. 일상에서는 사람의 인격적인 특성을 표현하는 단어로 성격이 기질보다 보편적으로 사용되기 때문입니다. 두 단어의 엄밀한 차이가 무엇인지 구별하려고 하기보다, 현재 나에게 나타나고 있는 인격적인 경향성을 나타내는 표현이라고 이해하시면 되겠습니다.

발견의 도구들

모든 발견에는 도구가 필요합니다. 망원경으로 미생물을 볼 수 없고, 현미경으로 우주를 관찰할 수는 없는 법입니다. 적당한 도구는 발견을 돕습니다. 15년 전에 교회의 소그룹 모임에서 MBTI(The Myers-Briggs Type Indicator)라는 성격 검사를 해 본 적이 있습니다. 그때만 해도 종이쪽지에 나의 성향을 체크한 후 누가 만들었는지도 모르는 해설을 읽으며 신기해했던 기억이 납니다. 검사에 대해서는 잘 몰라도 내가 표현할 수 없었던 나에 대해 말해 주는 것이 큰 유익이 되었습니다. 호감이 있던 자매의 성격을 알게 되는 것은 덤으로 얻는 기쁨이었습니다.

나중에 이 지표가 1세기 전에 그다지 전문성이 없는 한 어머니와 그 딸이 헌신적으로 개발해서 유명해진 것임을 알게 되었고, 그 한계도 어느 정도 인지할 수 있었습니다. 더불어 에니어그램이나, DISC 행동 유형 검사 등 사람의 성격을 분석하는 여러 가지 도구들도 접하게 되었습니다.

여러 한계가 있지만 저는 이 책에서 MBTI를 통해 하나님이 주신 나의 기질을 어떻게 발견하고 활용할 수 있을지 살펴보려고 합니다. 이유는 두 가지입니다. 첫째는 유형화가 용이하기 때문이고, 둘째는 현실적 유익 때문입니다.

먼저, MBTI는 복잡하지 않습니다. 네 가지 큰 카테고리 속에서 사람의 성격을 쉽게 유형화할 수 있습니다. 모든 사람을 특정한 유형으로 분류한다는 것이 어불성설일지 모릅니다. 하지만 언제나 분석과 발견에는 직관적인 기준이 필요합니다. 먼저 숲을 보고, 나중에 나무를 봐야 합니다. 복잡함은 오히려 발견을 방해합니다.

더불어 MBTI는 어디에서나 활용될 수 있는 현실적인 유익이 있습니다. 직장에서, 가정에서, 학교에서, 교회에서 여러 사람들을 파악하고 그들의 성격에 맞게 그들을 섬기는 데에 요긴합니다. Myers HR Lab에서 MBTI 전문가를 양성하고 있는 고영재 대표는 MBTI가 완벽한 심리 도구이기 때문이 아니라 '유용한' 심리 도구이기 때문에 활용할 만한 가치가 있다고 평가합니다.[3] 즉, 도구의 한계와 단점이 없어서라기보다는, 이것을 활용할 때 얻을 수 있는 유익이 훨씬 크기 때문에 사용할 만한 가치가 있다는 것이지요.

하나님의 성격 수업

우리는 이미 여러 성격 도구를 통하여서 성격을 분석하고 있습니다. 그런데 내가 굳이 '하나님 앞에서' 내 성격을 다시 분석할 필요가 있을까요? 세상에서 말하는 성격은 '분석'과 '개선'이 중심입니다. 나의 성격은 이러한데, 이런 점을 보완하거나, 이런 점을 개선해서 활용하면 좋겠다는 조언을 주는 정도입니다.

그러나 하나님의 성격 수업은 다릅니다. 하나님의 성격 수업의 핵심은 **'거듭남'에 있습니다.** 하나님은 우리의 성격을 분석하는 데서 멈추라고 하지 않으십니다. 우리의 성격은 거듭나야 한다고 말씀하십니다. 거듭남이 무엇입니까? 영적으로 하나님 앞에서 다시 태어나는 것입니다. 성격에도 거듭남이 필요합니다. 우리의 성격도 죄로 인해 타락하여 오염되어 있음을 깨닫고, 예수님이 내게 보여주신 성품을 통해 내 자신의 성품을 완전히 다시 바라보는 것이 필요하다는 뜻입니다.

이것이 믿지 않는 사람들과 그리스도인들이 성격을 분석하는 데 있어서 가장 극명한 차이입니다. 성격을 분석하는 데에만 그치면, 나는 분명히 나의 성품으로부터 흘러나오는 모든 생각, 감정, 행동들을 합리화시키려고 할 것입니다. "나는 원래 이런 성격이라 그래", "그 아이 성격이 원래 그런 걸 어쩌겠어요"라는 말을 많이 들어 보셨을 것입니다. 성격이 '자기 의'가 될 것입니다. 하나님이 주신 나의 성격은 분석하는 것에서 멈출 수 없습니다. 거듭남까지 나아가야 합니다.

성격이 거듭나면, 내 성격을 핑계로 내가 얼마나 하나님이 주시는 복을 막고 있었는지 깨닫게 됩니다. 그뿐만이 아닙니다. 이 시대 문화 속에서 '내 성격은 별로'라고 생각했던 나의 열등감과 패배 의식도 사라지게 됩니다. 성격이 거듭나야, 하나님 앞에서 내 성격으로부터 나오는 자신감을 회복할 수 있습니다.

거듭남을 넘어 이웃사랑으로

성격이 하나님 앞에 거듭날 때 나타나는 또 하나의 특징이 있습니다. 바로 나의 성격이 타인에게 '선물'이 될 수 있다는 점입니다. 세상에서는 내 성격에 맞게 내가 어떻게 잘 살아갈 수 있을지를 고민합니다. 그 중심에는 나의 유익이 있습니다.

그러나 하나님 앞에서 성격이 거듭나게 되면, 내 성격이 상대에게 유익을 주는 쪽으로 바뀌게 됩니다. 나 하나 잘 살기에도 바쁜 성격인 줄 알았습니다. 그러나 내가 가진 특별한 기질이, 누군가에게는 정말 특별한 선물이 될 수 있음을 발견하게 됩니다.

성격은 하나님이 주신 선물입니다. 하지만 그 선물은 나를 향한 선물일 뿐만 아니라, 나를 만나는 타인을 향한 선물이기도 합니다. 내 성격의 독특함이 누군가를 기쁘게 할 수 있다는 사실을 깨닫는 것은, 인생에 새로운 열정과 기대감을 불러일으킵니다. 그동안 다른 사람들의 좋은 성격들을 부러워하며 스스로도 마음에 들지 않는 자신의 성격 때문에 위축되신 분들이 있다면, 기대감으로 이 책을 읽어 보시기를 권합니다. 나의 성격을 하나님 앞에서 분석하는 일은 이웃을 사랑하라는 하나님의 계명에 순종하는 일입니다.

완전하신 성품, 예수님

이 책에서는 MBTI의 유형화에 따라서 성격을 크게 네 가지로 분류하고, 그 안의 여덟 가지 유형들을 살펴볼 것입니다. 그리고 각 성격이 상대방에게 어떤 선물을 줄 수 있는지, 어떻게 내 자신이 거듭나야 하는지 살펴볼 것입니다.

하지만 궁극적으로 저는 이 책을 통해서 여러분에게 성격 좋은 사람 한 분을 소개해 드리고 싶습니다. 여러분은 이 책을 읽는 동안, 자신의 성격을 분석하는 과정에서 우리의 성품을 창조하시고, 성품의 완전함을 보여주신 예수님을 만나게 될 것입니다. 우리의 성격은 궁극적으로 가장 완전하신 성품을 우리에게 보여주신 예수님을 만날 때 거듭나고 쓰임 받을 수 있습니다.

나의 성격이 어디에서 왔는지 고민함과 동시에, 나를 가장 사랑하셔서 하늘에서 땅으로 내려오신 그분의 성품의 만나보시기를 바랍니다. 나의 성격이 도대체 어떻게 쓰임 받을 수 있을지 고민함과 동시에, 다양한 성격의 사람들에 맞게 자신을 낮추신 그분의 완전한 성품을 먼저 만나시기를 바랍니다. 내가 고민하는 모든 성격의 문제들은 완전하신 성품의 예수님을 만나면서 풀리게 될 것입니다.

> 나는 마음이 온유하고 겸손하니 나의 멍에를 메고 내게 배우라 그리하면 너희 마음이 쉼을 얻으리니(마 11:29).

1부

외향형(E)과 내향형(I)
다가가고 연결한다

1
잃어버린 선물을 되찾는 길

밖에서 온다

성격을 분석하는 도구들이 발달되기 전에도 우리는 "저 사람은 좀 내향적인 것 같아", "저는 좀 외향적인 편이에요"라는 말을 많이 사용했습니다. 그만큼 사람의 성격을 구분하는 데 외향성과 내향성은 가장 간단하면서도 특징적으로 드러나는 성격의 구분 중의 하나입니다.

외향적인 사람은 나의 긍정적인 것이 **모두 외부로부터 온다**고 생각하는 사람입니다. 나의 기회도, 나의 기쁨도, 나의 미래도 모두 내 밖에 있습니다. 밖에 있는 것과 연결되고, 만나고, 더 많이 접촉하는 것이 내 인생을 가치 있게 살아가는 길이라고 생각합니다. **만날수록**,

말할수록, 많아질수록 힘을 얻는 사람들입니다.

드러나는 영광도 있다

성경에서도 하나님의 영광이 사람을 통해서 '드러나게 됨'을 강조하고 있습니다.

> 사람이 등불을 켜서 말 아래에 두지 아니하고 등경 위에 두나니 이러므로 집 안 모든 사람에게 비치느니라 이같이 너희 빛이 사람 앞에 비치게 하여 그들로 너희 착한 행실을 보고 하늘에 계신 너희 아버지께 영광을 돌리게 하라(마 5:15-16).

외부로 발현되는 속성은 분명 하나님 영광의 특성 중의 하나입니다. 따라서 하나님의 사람들은 다른 누군가에게 영향을 미치고, 누군가와 연결되면서 하나님의 뜻이 드러나게 되는 부분이 있다는 말입니다.

우리는 오른손이 하는 것을 왼손이 모르게 하는(마 6:3) 은밀함만 강조하는 경향이 있습니다. 이러한 말씀은 드러나게 되는 것 자체를 목적으로 삼으면서 선행을 하지 말라는 말이지, 선행이 알려지는 것 자체를 정죄하는 것이 아닙니다. 그렇다면 외향적인 사람들은 하나님이 내게 주신 기질을 어떻게 인식하고 활용할 수 있을까요?

외향형인 사람에게 주신 하나님의 선물: 연결성(connection)

하나님이 외향적인 사람들에게 주신 선물은 연결성입니다. 이들의 기회는 **사람과, 콘텐츠와, 그 무엇과 '연결되는 지점'**에 있습니다. 외향적이었던 한 청년이 진로 고민을 하면서 저에게 자신의 열등감을 이렇게 표현한 적이 있습니다. "목사님, 저는 공부도 못하고, 사실 머릿속에 든 것이 아무것도 없거든요. 쥐뿔도 아는 게 없어서 어디서부터 시작해야 할지 모르겠어요. 똑똑하고 무엇이든 잘하는 사람들을 보면 엄청난 열등감이 듭니다."

우리는 성격도 좋고, 말도 잘하고, 늘 밝아 보이는 외향적인 사람들이 열등감과는 거리가 멀 것이라고 생각합니다. 그렇지 않습니다. 많은 사람과 어울리면서 정신없이 돌아다니는데, 정작 내 속은 꽉 채워져 있지 않다는 생각이 듭니다. 이것이 바로 외향적인 사람들이 빠질 수 있는 함정입니다. 그제야 그들도 자신이 잘하는 것, 인생의 의미, 목적들을 고민합니다.

이 친구에게 제가 뭐라고 대답했을까요? "너 진짜 착각하고 있는 거야. 바로 네가 나한테 이 말을 하고 있는, 바로 이게 너의 강점이야. 누군가에게 다가가서 먼저 말을 걸고, 이야기하고, 자기가 고민하는 부분을 전달하는 게 절대 쉬운 일이 아니거든. 네 안에 콘텐츠가 없는 것 같다면 콘텐츠 있는 사람과 같이 일을 하면 돼. 전달을 해. 그 사람을 다른 사람들과 연결시켜 보는 거지."

그 형제는 이후 열등감에서 벗어나게 되었습니다. '연결성' 자체가 하나님이 주신 큰 강점임을 깨달았기 때문입니다. 이 친구는 누구보다도 말을 잘하고, 위아래 사람들과 친하게 지내며 그들의 감정에 공감하는 능력이 탁월했습니다. 그러나 하나님이 주신 자신의 강점을 바라보지 못하고, '나는 아는 게 없어, 나는 실력이 부족해'라고 생각하며 하나님이 주신 은사를 제대로 활용하지 못하고 있었던 것입니다.

어느새 하나의 분야로 공고히 자리 잡은 직업 중 하나가 '인플루언서'입니다. 영향력을 통해 어떠한 콘텐츠를 전달하고, 평가하고, 판매하는 사람들을 말합니다. 처음에 이런 직업이 생겼을 때 사람들은 무시했습니다. '자기의 고유한 것은 없고, 남의 것을 가져다가 저렇게 리뷰하고, 판매하고, 연결하는 게 무슨 의미야?' 그러나 곧 그 생각이 착각임을 깨달았습니다. 사람들은 같은 상품이더라도 '그 사람이' 전달한 것, '그 사람이' 연결시켜 준 것에 반응합니다. 무슨 말입니까? 분명히 연결시키는 능력을 통해서 생기는 새로운 가치가 있다는 말입니다.

그러므로 외향적인 분들 중에 '내 삶에 무엇이 제대로 갖추어지지 않았다'라고 느끼는 분들이 계십니까? 다음 문장을 기억해 보세요. "내 안에 특별한 무엇이 없어도 괜찮다!" 정말로 괜찮습니다. 내 강점이 내 안에 있지 않아도 됩니다. 내 강점은 외부를 연결해 주는 능력에 있습니다.

좋아하는 일과 잘하는 일

그러므로 외향적인 사람들이 처음에 하나님의 인도하심을 구할 때 시작점으로 삼아야 할 것이 있습니다. 좋아하는 일보다, **잘하는 일부터 하라**는 것입니다. 이것은 외향적인 사람들이 내향적인 사람들보다 훨씬 받아들이기 쉬운 가치판단입니다. 외향적인 사람들은 외부에서 나에 대한 좋은 평가와 인정을 들으면 누구보다 큰 힘을 얻고, 즐겁게 일할 수 있는 사람들입니다. 반면, 아무리 내가 좋아해도 누가 나를 좋아해 주지 않고, 많은 사람이 관심 가져주지 않으면 힘이 쉽게 빠집니다. 그렇다면 먼저 잘하는 일부터 찾아보세요. 남들이 나를 채용해 주고, 내가 필요하다고 말하고, 더 일해달라고 나를 부르는 곳에서 일단 시작해 보세요.

이것은 외향적인 사람들만의 이기적인 생각이 결코 아닙니다. '렘군'이라는 작가는 이 시대를 더 가치있게 만들기 위해 많은 사람이 잘하는 일에 먼저 집중해야 한다고 다음과 같이 표현합니다.

> 세상에는 불편하지만 받아들여야 하는 진실이 있다. 자신이 좋아하는 것만 고집하다 보면 정체성을 찾기 어려워진다는 것이다. (…) 세상의 중심은 내가 아니다. 나는 세상이 필요로 하는 것을 제공하는 사람이 되어야 한다. (…) 좋아하는 건 취미로 하면 된다. 취미와 일을 일체화시키려 하지 마라. 취미가 일이 되는 순간 그 일은 전혀 즐겁지 않게 된다.

> 좋아하는 일이란 지극히 '나' 중심적이다. (…) '좋아하는 일을 하다 보면 누군가 내 마음을 알아줄 거야' 하면서 그 일을 계속한다. 그러나 오랜 기간 열정을 다 쏟아부었는데 계속 돈이 안 되면 불현듯 자괴감에 빠진다. 그러다 그 일이 싫어지게 되는 것이다. (…) 누군가 그 일을 왜 그만뒀냐고 물으면 "처음에는 좋아했지만 해 보니까 그렇게 재밌는 일은 아니더라고요. 돈도 안 되기에 그만뒀어요"라고 한다. 말을 바꾸는 것이다. 사실 무언가를 좋아한다는 개념 자체가 굉장히 모호하다. 좋아해서 결혼했는데 상대방이 싫어지는 경우가 얼마나 많은가.
> 이게 세상의 모습이다. 좋아하는 일에 집착하지 않으면 많은 것이 보인다. 세상의 중심에 나를 두지 말고, 그 중심에 타인을 둬라.[4]

이 시대 문화의 우상은 '자아(self)'입니다. 내가 제일 중요합니다. 나의 미래를 만들어 가기 위해 내 내면의 목소리를 자꾸 들어 보라고 말합니다. 이것이 내향적인 사람에게는 적절한 조언이 될 수 있습니다. 하지만 외향적인 사람에게는 삶을 헷갈리게 만드는 조언이 될 수도 있음을 유의해야 합니다. 외향적인 사람들은 일단 남들이 인정하면 힘을 얻고, 주변에서 관심 갖고 좋아해 주면 더 신이 나서 일할 수 있는 사람들입니다. 그러면 일단 나를 필요로 하는 곳, 누군가 나에게 '잘한다'고 이야기해 주는 곳으로 먼저 가는 것이 좋습니다. 그럴 때 삶의 길이 훨씬 쉽게 열리게 될 것입니다.

내향형인 사람에게 주신 하나님의 선물: 친밀함(intimacy)

내향적인 사람들은 단 한 가지 이유로 열등감을 느낄 때가 있습니다. 바로 자신이 '외향적이지 않다'라는 이유입니다. 내향적인 성격은 외향적인 것보다 절대적으로 열등하다고 생각하는 것입니다.

수잔 호웰이라는 미국 심리학 연구자가 미국 학생들에게 성경을 보면서 예수님의 성격을 분석하게 했습니다. 학생들이 분석한 예수님의 기질은 어땠을까요? 무려 학생들의 97%가 예수님은 외향적이라고 답했습니다. 하지만 실제로 성경을 보면 예수님의 기질은 명료하지 않습니다. 외향적인 면과 내향적인 면이 동시에 많이 나옵니다. 그렇다면 왜 학생들은 이렇게 대답했을까요? '외향적인 것이 더 우월한 것이다'라는 문화적인 영향 속에 있었기 때문입니다. 『내향적인 그리스도인을 위한 교회 사용설명서』에서 이 결과를 가지고 애덤 맥휴 목사님은 이렇게 설명합니다.

외향적인 예수님에 대한 인식은 외향성이 내향성보다 가치 있다고 평가하는 북미 문화의 경향을 반영한다. 외향성이 더 나은 것이라고 간주한다면, 완벽한 인간이신 예수님은 당연히 외향적이어야 한다는 결론에 이르게 된다. (…) 문화적 편견에 근거해 예수님이 외향적이라고 추정하는 것은 그런 문화에서 살아가는 내향적인 사람으로 하여금 그들이 선호하는 행동 방식이 적절하고 가치 있다고 여기기 어렵게 만든다. 말하자면 내향적인 사람이 선호하는 바가 극복되거

나 견뎌야 하는 것이 아니라 그 진가를 인정받고 축복받아야 할 것이라 여기는 일을 어렵게 만든다.[5]

서문에서 소개했던 것처럼 야곱과 에서의 성격이 태어날 때부터 달랐다면, 분명히 하나님이 주신 기질은 변화시켜야 할 것이 아니라 그 자체의 강점을 활용해야 함이 맞습니다. 그런데 이 시대는 자꾸 특정한 기질이 가장 성공할 수 있는 성격이라는 기준을 세웁니다. 그리고 그렇지 않은 기질을 가진 사람들에게 열등감을 심어 줍니다.

특별한 사람들을 깊게 섬기는 사람

내향적인 사람들은 다양한 사람을 만나기보다는 소수의 사람과 어울리는 것을 좋아합니다. 얕고 넓은 관계 보다는 확실하고 깊은 사람들과 지속적으로 만나는 것을 선호합니다. 그래서 사람이 많아질수록 에너지를 빼앗기고 피곤해집니다.

사회생활의 기본은 인간관계입니다. 사람을 만날수록 피곤해진다면 안 좋은 기질이 아닐까요? 그렇지 않습니다. 친밀하고 깊은 관계는 업무에도 얼마든지 활용될 수 있습니다. 이 사람들은 자세하고, 깊이 있고, 소수를 위한 서비스를 제공하는 일에서 두각을 나타냅니다. 보통 영업사원들은 외향적이어야 한다고 생각하는 경우가 많습니다. 하지만 VIP 영업은 다릅니다. 소수의 중요한 고객을 다룰 때에는, 한 거래처를 향한 깊이 있는 분석과 세밀한 접근이 요구됩니다. 그럴 때 외향적인 사람들의 다양한 열정보다는 내향적인 사람들의 주의력이 훨씬 두각을 나타냅니다.

또한 이들은 다른 사람들과 이야기하는 것보다, 자신의 내면에 있는 생각을 정리하는 것을 훨씬 더 좋아합니다. 그래서 글을 쓰거나 블로그 관리를 하는 일 등을 잘합니다. 외향적인 사람들이 이런 일을 맡으면 설명이 부족하고, 오타가 많고, 듬성듬성 구멍이 많이 보입니다. 내가 내향적인 성격이라면, 제한적이고 친밀한 관계를 맺는 성향을 굳이 바꾸려고 하지 마세요. 오히려 내가 추구하는 깊이가 누군가에게 도움이 될 수 있습니다.

그렇다면 내향적인 사람들은 좁은 인간관계 때문에 삶의 바운더리가 좁아지지는 않을까요? 내향적인 사람들은 자신이 두루두루 아는 사람이 많지 않다고 걱정하는 경우가 많습니다. 그러나 반대로 생각하면, 이들은 직접적으로 많은 사람을 만나기는 어려워하지만 친밀한 몇몇 사람들을 통해서 간접적으로 일할 수 있습니다.

친밀함은 곧 **간접적인 영향력**으로 나타납니다. 표현이든 만남이든 누군가와 관계를 맺을 때 상대방과 직접 마주하는 것보다 간접적으로 내 것이 드러나기를 바라는 이들입니다. 때문에 자신이 직접 나서는 것보다, 나의 재능으로 앞에 얼굴을 드러내고 책임을 지는 누군가를 뒤에서 도울 때, 훨씬 더 많은 열매를 거둘 수 있습니다. 보통 이 사람들은 참모 역할을 많이 합니다. 능력으로 보자면 얼굴이 보이는 단체의 대표보다 그 대표를 옆에서 긴밀하게 돕는 내향적인 한 사람이 훨씬 더 유능한 경우가 많습니다.

왕의 수라상을 차리는 사람

야곱의 열두 아들 중에서 아셀이라는 사람이 있습니다. 야곱의 아들 중에 그렇게 많이 알려져 있지 않은 사람입니다. 그런데 야곱이 아들을 축복할 때 아셀에게 했던 내용이 인상적입니다. 아셀에게 기쁨이 되는 일은 바로 '왕의 수라상을 차리게 되는' 기쁨이라고 이야기합니다.

> 아셀에게서 나는 먹을 것은 기름진 것이라 그가 왕의 수라상을 차리리로다(창 49:20).

왕의 수라상입니다. 나의 수라상이 아니라는 것이 중요합니다. 왕을 높이고, 왕이 즐거워하는 일들이 아셀의 삶에서 나오게 될 것이라는 말입니다.

남을 기쁘게 하는 일을 이 시대에 이야기하면 많은 사람이 거부감을 느낍니다. 직장에서, 가정에서 일주일 내내 남을 위해서 살고 나를 챙기지 못했다는 마음이 있기 때문입니다. 내가 일주일 동안 누구를 위해 일했나요? 사장을 위해, 팀장을 위해 일했습니다. 누굴 챙겼습니까? 남편을 챙기고, 자녀를 챙겼습니다. 결국 누구를 챙기지 못한 건가요? 나를 챙기지 못했습니다. 이제 나를 좀 챙겨보려고 하는데, 남을 기쁘게 하는 일을 하라니요?

이 시대는 남을 기쁘게 만드는 것이 나를 힘들게 하고 손해 보게 하는 일이라는 전제가 깔려 있습니다. 이것이 인간의 타락 이후에 사람에게 들어온 생각입니다. 그런데 앞의 말씀은 아셀의 인생을 통해 전혀 다른 축복이 내게도 적용될 수 있음을 말하고 있습니다. 바로, 남에게 기쁨을 주는 것이 내게 복이 될 수 있다는 것입니다.

대상을 찾아야 한다

'매슬로우의 욕구 5단계 이론'이 있습니다. 사람이 원하는 욕구에는 단계가 있다는 가설입니다. 가장 근본적인 생리적인 욕구에서부터, 안전의 욕구, 사회적 욕구, 인정의 욕구, 그리고 마지막이 자아실현의 욕구입니다. 그런데 매슬로우가 말년에 후회했다고 합니다. 왜일까요? 사람들이 자기의 가설대로 살지 않는 것을 너무 많이 발견해서 그랬답니다. 사람들이 마지막으로 원하는 것은 자아실현이 아니었습니다. 오히려 신앙을 갖거나, 신앙이 없더라도 어떠한 대상을 향해 자신의 인생 전부를 희생하는 경험을 원했다고 합니다.

이처럼 내가 아무리 내향적이고 혼자가 편하다고 해도, 내 안에서 모든 것이 만족될 수는 없습니다. 나는 나만의 대상을 향해 나아가야 합니다.

최근에 연예인 이효리 씨가 임신을 준비하면서 했던 고백이 있습니다. '이효리'라 하면 자아실현에 있어서 누구도 따라올 수 없는 성공적인 존재이지 않겠습니까? 그런데 임신을 준비할 때 그녀의 생각이 인상적이었습니다. "나는 내가 너무 중요한 삶을 살았어. 나도 모르게 '나는 연예인이고 이효리야'라는 생각이 무의식적으로 내 안에 쌓여 있었어"라고 말한 뒤에 "(아이를 키우면서) 뭔가를 위해 내가 없어지는 그런 경험을 너무 해 보고 싶었어"[6]라는 고백이었습니다. '슈퍼스타' 이효리 씨도 마지막에 원하는 것은 무언가를 위해 내가 없어지는 경험이었습니다. 대상을 찾고 있었던 것입니다.

내향적인 분이신가요? 내향적인 사람은 '대상'을 찾아야 합니다. 내가 드러나지 않고 썩어질 수 있는 곳에 가야 합니다. 예수님은 제자를 '소금'으로 비유하시며, 마태복음 5장 13절은 이렇게 기록합니다.

> 너희는 세상의 소금이니 소금이 만일 그 맛을 잃으면 무엇으로 짜게 하리요 후에는 아무 쓸 데 없어 다만 밖에 버려져 사람에게 밟힐 뿐이니라(마 5:13).

이 구절의 원문을 보면, 소금을 통해 어떻게 '그것'이 다시 짜게 되겠냐고 묻고 있습니다. 그러니까 제자의 정체성은 소금인데, 그 소금은 언제나 만나는 '대상'이 있다는 것입니다. 소금의 정체성은 스스로 발견되지 않습니다. 그 의미가 나타나지도, 기쁨이 생기지도 않습니다. 소금은 홀로 존재할 때가 아니라 자신이 들어 갈 수 있는 대상을 만날 때 그 의미를 발견하고 역할을 감당할 수 있습니다. 김

치찌개가 거의 다 끓었는데 옆에 소금이 놓여 있습니다. 소금이 자신을 스스로 드러낸다고 해서 훌륭해지지 않습니다. 끓는 물 속에 보이지 않게 부어져야 합니다. 그때 대상의 간이 맞습니다. 그때 '그것'이 온전하게 기능합니다. 그 대상 속에서 내 존재의 의미도 발견되는 것입니다. 상대가 온전히 하나님이 원하시는 모습으로 변화되도록 하는 것이 내향적인 사람들의 간접적인 역할입니다.

내향적인 사람들의 평생의 기도는 무엇이 돼야 할까요? "하나님 제가 제 자신에게 몰두하지 않게 해 주십시오. 다른 사람들이 귀찮고 싫다고 아예 관계를 포기하지 않게 해 주십시오. 사람이든, 학문이든, 조직이든 무엇이든지 나만의 섬길 대상을 만나게 해 주십시오"라고 기도해야 합니다.

내가 내향적이라는 이유로 움츠러들고, 관계들을 불필요하다고 여기며 적대적인 태도로 대하는 모습들이 있다면, 그것은 하나님이 주신 내향적인 기질의 강점을 충분히 활용하지 못하고 있는 것입니다. 밖으로 나오십시오. 외향적인 사람들처럼 많은 사람을 만나고 다니라는 말이 아닙니다. 친밀하고 신뢰할 수 있는 사람들과의 관계를 쉽게 끊지 말라는 것입니다. 관계를 이어 나가면서, 내가 만족하는 것이 아니라 내가 만나는 대상이 행복해지고 기뻐할 수 있도록 역할을 감당해 보세요. 내향적인 사람들만이 왕의 수라상을 차릴 수 있습니다.

2
고독을 선물합니다 vs 표현해 드릴게요

독특한 기질을 주신 이유

하나님이 우리 각자에게 독특한 기질과 개성을 주신 이유가 무엇일까요? 관계 속에서 서로를 행복하게 하시기 위함입니다. 나의 성격을 다른 사람과 비교하며 우월감을 느낀다면 그것은 내가 높아지기 위해, 나의 나음을 인정받기 위해 성격을 사용하는 것입니다. 나의 성격은 나와 다른 사람을 돕고 행복을 주기 위해 사용되어야 합니다.

외향형의 사람들이 내향형을 만나면 답답해하는 데서 그칠 수도 있습니다. "쟤는 왜 이렇게 말이 없는 거야?", "저 사람은 너무 소극적이야"라는 말로 상대를 못마땅해하고 동시에 자신의 우월함을 표현할 수도 있습니다. 그것은 하나님의 사람들이 성격을 사용하는 방법이 아닙니다. 오히려 나의 기질을 내려놓고, 그 사람이 행복을 느낄 수 있도록 알맞은 선물을 준비해야 합니다.

외향형이 내향형에게 주는 선물 1: 고독

외향형의 사람은 내향형에게 자꾸 사람을 선물해 주려고 합니다. "서로 모르지? 소개하고 인사 좀 해"라고 어떻게든 말을 꺼내게 만듭니다. 그러면 내향형은 당황하여 뒷걸음질 칩니다. 외향형의 사람들은 내향인들이 혼자 있으면 할 일이 없어 심심할 거라고 생각하지만, 오히려 우리가 그들에게 줘야 할 선물은 '고독'입니다. 그들에게는 자유롭게 홀로 있을 시간, 자유롭게 고독할 시간을 주어야 합니다.

애덤 맥휴 목사님은 내향적인 사람들을 설명하면서, 그들을 '조용하다'라고 표현하는 것이 착각임을 설명합니다. 겉은 조용해 보일지라도, '속이 시끄러운' 사람들로 봐 줘야 한다는 것입니다. 애덤 맥휴 목사님은 이렇게 설명합니다.

> 외향적인 사람들이 하는 큰 실수 가운데 하나는 누군가가 다른 사람과 함께 있지 않을 때 그 사람이 바쁘지 않을 것이라고 추측하는 것이다. 그 사람이 대화를 나눌 상대가 없어서 그냥 앉아서 무언가를 읽고 있는 것이라고 여기고 그 사람을 방해해도 괜찮다고 생각하는 것이다.

(…) 겉으로는 차분하게 보일지라도 우리의 사고는 여전히 활동 중이다. 대형 장로교회의 목회자인 친구 하나는 자기가 젊었을 때 어머니가 자신에 대해 "조용하다"고 말해서 깜짝 놀랐다고 한다. 왜냐하면 "자신의 머릿속은 결코 조용하지 않았기 때문"이다.[7]

한적한 곳에 가서 쉬어라

예수님은 이 땅에 오셔서 계획적으로 공생애 사역을 하셨습니다. 십자가의 죽음과 부활이 있기 전까지 아마 만나야 할 사람, 일으켜야 할 기적들, 설교해야 할 내용 등 스케줄이 빼곡했을 것입니다.

예수님이 여기저기서 기적을 일으키시고 사도들에게 권세를 주셔서 그들도 여러 기적을 일으키자, 사도들이 예수님께 와서 미주알고주알 모든 일을 말하며 흥분합니다. 그때 예수님의 반응이 독특합니다. 잠깐 쉬라는 것입니다.

> 사도들이 예수께 모여 자기들이 행한 것과 가르친 것을 낱낱이 고하니 이르시되 너희는 따로 한적한 곳에 가서 잠깐 쉬어라 하시니 이는 오고 가는 사람이 많아 음식 먹을 겨를도 없음이라(막 6:30-31).

물 들어올 때 노를 저어야 하는 것 아닌가요? 분위기가 무르익었을 때 더 사역에 박차를 가해야 하는 것 아니겠습니까? 그러나 사도 중에는 분명 이러한 외적인 사역에 지친 사람들도 있었을 것입니다.

분초를 다투는 공생애의 치열한 일상에서도 예수님이 사도들에게 명하신 일은 '한적한 곳에 가서 쉬는' 것이었습니다.

내향적인 남편과 아내, 혹은 내향적인 자녀를 둔 분들이 있으신가요? 그들의 지친 삶을 회복하고, 새 힘을 불어넣고 싶을 때 자꾸 새로운 일을 만들면 안 됩니다. "우리 아들, 많이 힘든 것 같은데 가족끼리 한번 놀러 갈까?", "여보, 일 때문에 힘든 것 같은데 나가서 사람 좀 만나고 와!" 우리는 이런 말들을 많이 합니다. 나름 상대를 사랑하고 배려해서 하는 말들이지만 그건 해답이 아닙니다. 전부 고독을 방해하는 일들이기 때문입니다.

이들이 웃으면서 다시 자신의 일에 몰두하고, 삶의 평안을 회복하는 모습을 보고싶다면 홀로 있는 시간을 허락해 주세요. 아무도 만나지 않고 나 홀로 있는 그 시간을 존중해 주십시오. 문을 잠가버리고 나오지 않을 것 같지만 곧 모든 에너지가 충전된 상태로 다시 나타날 것입니다.

외향형이 내향형에게 주는 선물 2: 시간

외향적인 사람들은 결정이 빠릅니다. 하지만 내향적인 사람들은 신중하고 고민이 많습니다. 그래서 내향형에게 하는 큰 실례 중에 하나가 어떤 결정을 급하게 요구하는 일입니다. 오늘 갑자기 이야기를 꺼내면서 '지금' 결정해 달라고 요구해서는 안 됩니다. 그들은 바로 말할 수 없는 사람들입니다. 생각할 시간을 주고 예고를 해야 합니다. "지금 결정해달라는 말은 아니고요. 충분히 생각해 보시고 다음 주 월요일 정도까지 저에게 말씀해 주시면 좋을 것 같아요. 가능하겠어요? 시간이 충분하지 않으면 제가 좀 더 기다릴 수도 있습니다"라고 말입니다. 결정해야 할 일이나 부탁할 일이 있습니까? 상대가 내향인일 때는 생각할 시간도 함께 주세요. 즉각적인 결정에 어려움을 느끼는 사람들은 시간의 쿠션을 받을 때 기뻐하고 평안을 찾습니다. 내 행동이 즉흥적이고, 즉답을 요구하는 경우에는 상대를 위한 계획이라 할지라도 촉박함 그 자체로 상대가 어려움을 느낄 수 있습니다.

회의 시간에 침묵하는 직원

외향적인 성향은 사람을 만나 어울리면서 힘을 얻는다고 했습니다. 대화하고 토론하는 것이 익숙하고, 말로 표현하며 문제를 해결합니다. 그런데 이 성격이 자기 의가 되면 그렇지 않은 사람들의 표면적인 모습을 바라보며 그들의 인격을 정죄하는 데까지 이를 수 있습니다.

한 회사에서 외향형인 선배 직원은 회의 때 활발하게 의견을 개진하고 표현하기를 좋아했습니다. 그러나 내향형인 직원은 즉각즉각 말을 통해서 의견을 주고받는 것이 익숙하지 않았습니다. 어떤 문제에 대한 해답과 나의 의견을 이야기하기 위해서는 '시간'이 필수적으로 필요했기 때문입니다. 그래서 '말'로는 제대로 참여를 못하고 있지만, 내향적인 직원도 충분히 회의에는 집중하고 있었습니다. 그런데 회의 후 외향형인 선배 직원이 내향형인 직원에게 태도가 나쁘다며 나무랐다고 합니다. 이유가 무엇일까요? HR 전문가인 백종화 코치는 이렇게 설명합니다.

> 그래서 자신의 의견을 잘 표현하지 않는 내향형 팀원의 행동을 보면 '일을 더 잘하려고 하지 않네? 회의 주제와 팀의 목표에 관심이 없나?'라고 생각하게 되는 것이다. 오해가 생기고, 그 오해가 반복해서 쌓이면 이제는 내향형 구성원을 리더십이 없는 팀원으로 평가하게 된다. 외향형 리더만의 렌즈가 생긴 것이다.[8]

내향형 직원들에게는 말보다 글로, 즉각적인 답변보다는 시간을 통해 정돈된 표현을 요구하는 일을 맡기는 것이 훨씬 효율적입니다. 이렇게 외향적인 성격이 자기 의가 되면, 상대가 시간을 필요로 하는 기질임을 무시하면서 상대의 진정성을 매도할 가능성이 높습니다.

내향형이 외향형에게 주는 선물 1: 표현

반대로 내향형의 사람들은 어떨까요? 내향형인 사람들은 내면의 의도가 나쁘지 않음에도 외향형의 사람들에게 오해를 사거나 실망하는 소리를 들을 가능성이 큽니다. 외향형인 사람들은 '표현'을 통해서 상대방의 진심을 확인하는데, 내향형의 사람들은 언제나 표현되지 않는 진정성만을 유지하고 있기 때문입니다. 그럼 외향형의 사람에게는 어떻게 해 줘야 할까요? 그들에게 표현할 기회를 선물해야 합니다. 다음의 이야기를 보세요.

외향형인 사람은 집에 있는 가족들과의 수다를 좋아한다. 씻기도 전에 오늘 있었던 일을 미주알고주알 끊임없이 말하는데, 그들에게 가장 큰 스트레스는 바로 '그만 좀 말해. 나중에 이야기하면 안 될까?'라는 말을 듣는 것이다. 실제로 어렸을 때 외향형인 딸에게 가장 큰 벌칙은 '5분 동안 말하는 것 금지'였다. 자기는 이야기하고 싶은데 엄마와 아빠가 대꾸를 안 해 주면 그 시간을 참지 못하고 차라리 잠을 자버릴 정도였다.[9]

조잘거리신 예수님

예수님이 부활하신 후에 베드로를 만나셨습니다. 베드로는 성경을 조금만 읽어 보아도 외향적인 성격임을 알 수 있습니다. 외향적인 사람은 어떻게 자신을 표현하고 또 회개할까요? 역시나 그들은 말로 합니다. 말이 많아야만 합니다. 예수님이 베드로를 다시 만나실 때, 그를 회복하신 방식이 요한복음 21장에 다음과 같이 기록되어 있습니다. 조금 길지만 전부를 읽어 보세요. 텍스트 한 자 한 자의 의미를 살피는 것도 좋지만 이 본문을 읽을 때는 통째로 주어진 양과 길이를 느껴야 합니다.

> 그들이 조반 먹은 후에 예수께서 시몬 베드로에게 이르시되 요한의 아들 시몬아 네가 이 사람들보다 나를 더 사랑하느냐 하시니 이르되 주님 그러하나이다 내가 주님을 사랑하는 줄 주님께서 아시나이다 이르시되 내 어린 양을 먹이라 하시고
> 또 두 번째 이르시되 요한의 아들 시몬아 네가 나를 사랑하느냐 하시니 이르되 주님 그러하나이다 내가 주님을 사랑하는 줄 주님께서 아시나이다 이르시되 내 양을 치라 하시고
> 세 번째 이르시되 요한의 아들 시몬아 네가 나를 사랑하느냐 하시니 주께서 세 번째 네가 나를 사랑하느냐 하시므로 베드로가 근심하여 이르되 주님 모든 것을 아시오매 내가 주님을 사랑하는 줄을 주님께서 아시나이다 예수께서 이르시되 내 양을 먹이라(요 21:15-17).

예수님은 베드로에게 몇 번이나 질문하셨습니까? 세 번이나 같은 말을 반복하셨습니다. 많은 학자들은 베드로가 '세 번' 부인했기 때문에, '세 번' 다시 물으시면서 완전한 용서와 회개를 보여주는 사건이라고 말합니다. 저도 전적으로 동의합니다.

그런데 베드로를 사랑하시는 예수님이 베드로의 기질을 알고 계셨다는 점에서 접근해 보면 어떨까요? 베드로는 외향적인 사람이라

고 하지 않았습니까? 그런 그가 회복되려면 말로 표현하는 '조잘거림'이 필요했습니다. 끊임없이 이야기하고, 대화하면서 관계가 회복되는 성격이었습니다. 예수님은 베드로의 기질에 맞추어 주셨습니다. 같은 말을 세 번씩 반복하면서 베드로를 다시 격려하셨습니다. 베드로는 자신의 완벽한 배신에도 불구하고 완벽한 회복을 경험합니다. 예수님이 입 밖으로 내뱉는 충분한 '표현'을 베드로에게 선물하셨기 때문입니다.

내향형이 외향형에게 주는 선물 2: 속도

내향형의 사람들이 외향형에게 줘야 할 또 다른 중요한 선물이 있습니다. 바로 '속도'입니다. 내향형은 혼자 고민합니다. 무슨 생각과 계획이 있는지 쉽게 말하지 않습니다. 하지만 진지함과 진정성은 알아줘야 합니다. 문제는 다른 사람들이 그것을 알 길이 없다는 것입니다. 그래서 외향형은 속이 탑니다. 도대체 언제 말해 줄 건지, 어떻게 진행되고 있는지 공유해 주기를 원합니다.

외향형의 사람들은 내향형에게 시간을 주어야 한다고 했습니다. 즉각적으로 요구하면 안 된다고 했습니다. 반대로 내향형의 사람들은 고민만 하고 있지 말고 현재 속도가 얼마나 되는지를 알려줘야 합니다. 속도를 알면 내가 언제 도착하는지, 얼마나 걸릴지 상대가 예측할 수 있습니다.

"제가 이 부분은 고민해 보겠습니다." (X)

"고민해 보겠습니다. 늦더라도 이번 주 토요일까지는 알려드리겠습니다." (O)

무엇이 다릅니까? 내가 현재 어느 속도로 고민하고 있고, 언제 이 고민이 결정이라는 도착지에 이를 수 있을지 상대가 예측할 수 있게 만들어 주는 것입니다. 그러면 알려준 것만으로 외향형의 사람들은 답답함을 벗어날 수 있습니다. 외향형의 사람들은 내면의 진정성에 만족하지 않습니다. 그것은 충분히 표현되어야 하고, 예측할 수 있어야 합니다. 예측이 가능하려면 내가 어느 속도로 달리고 있는지, 어느 속도로 그 일을 처리하고 있는지 알려주어야 합니다.

3
외향형(E)의 거듭남
아무리 사람을 만나도 지치지 않아

성격의 자기 의 벗어나기

하나님이 기질을 정해 주시고, 그 기질을 사용하신다고 했습니다. 그러면 내 성격은 다 잘난 걸까요? 그냥 이 스타일대로 살면 되는 걸까요? 하나님을 떠난 인간은 삶의 전 영역에서 온전함을 이루지 못하고 온갖 부작용과 부패를 경험하게 됩니다. 그것이 바로 '타락' 교리입니다. 하나님의 형상을 닮아 선한 부분도 분명히 남아 있지만, 삶의 전 영역이 오염되어 하나님의 영광을 완전히 드러낼 수 없는 상태가 된 것입니다.

타락 교리를 온전히 믿고 받아들일 때, 내 성격의 자기 의에서 벗어날 수 있게 됩니다. 내 성격의 방향성은 큰 틀에서 하나님이 주신 것이 맞습니다. 그러나 그 성격에 나의 죄와 연약함이 틈타서, 성격 때문에 내 인생이 망가지고, 성격 때문에 타인에게 상처 주는 일들이 얼마든지 일어날 수 있음을 인지해야 합니다. 내가 가진 성격이 의도적으로 하나님의 일하심을 회피하고 그분의 임재를 가리는 명분이 될 수 있습니다. 특정한 약함을 먼저 인정하고 주님 앞에 거듭나야 그 성격이 온전히 하나님을 위해 사용될 수 있는 것입니다.

외향적인 사람의 거듭남: 인정

외향적인 사람의 특징은 무엇입니까? 삶의 가치와 목적에 대한 인정, 그리고 만족이 외부에서 주어져야 한다는 것입니다. 즉, 많은 사람이 나를 좋아해 주고 나에게 관심을 가져 줄수록, 나는 훌륭한 삶을 살고 있다는 생각에 빠지는 경향이 강합니다. 반대로 내가 열심히 했는데 누가 인정을 안 하면 화가 나고, 에너지가 빠질 수 있습니다. 그래서 보여지는 성과와 인정에 취약합니다.

하나님의 사람 중에 다른 사람들에게 드러내며 하나님의 영광을 나타냈던 선지자가 엘리야입니다. 엘리야는 보이는 기적, 사람들이 인정하는 사건들을 경험하는 사람이었습니다.

> 여호와께서 엘리야를 통하여 하신 말씀 같이 **통의 가루가 떨어지지 아니하고 병의 기름이 없어지지 아니하니라**(왕상 17:16).

> 그 아이 위에 몸을 세 번 펴서 엎드리고 여호와께 부르짖어 이르되 내 하나님 여호와여 원하건대 이 아이의 혼으로 그의 몸에 돌아오게 하옵소서 하니 여호와께서 엘리야의 소리를 들으시므로 **그 아이의 혼이 몸으로 돌아오고 살아난지라**(왕상 17:21-22).
>
> 이에 **여호와의 불이 내려서 번제물과 나무와 돌과 흙을 태우고 또 도랑의 물을 핥은지라** 모든 백성이 보고 엎드려 말하되 여호와 그는 하나님이시로다 여호와 그는 하나님이시로다 하니(왕상 18:38-39).

읽기만 해도 얼마나 사역에 에너지가 넘치고 신이 났을지 느껴지지 않습니까? 하나님은 이러한 방식으로 엘리야를 사용하셨습니다. 이 정도의 기적이면 그 누구도 엘리야를 인정하지 않을 수 없었을 것입니다. 제가 만약 이런 능력을 경험했다면 '이건 누구도 부인 못 할 거야. 이제 모두가 나를 인정할 거야'라고 생각했을 것입니다.

하지만 외적인 인정을 통해 하나님의 일들을 행했던 엘리야에게 더 큰 대적이 나타났습니다.

> 아합이 엘리야가 행한 모든 일과 그가 어떻게 모든 선지자를 칼로 죽였는지를 이세벨에게 말하니 이세벨이 사신을 엘리야에게 보내어 이르되 내가 내일 이맘때에는 반드시 네 생명을 저 사람들 중 한 사람의 생명과 같게 하리라 그렇게 하지 아니하면 신들이 내게 벌 위에 벌을 내림이 마땅하니라 한지라(왕상 19:1-2).

인정 없이는 죽는 사람

이세벨은 끝까지 엘리야를 인정하지 않았습니다. 눈으로 보고도 계속 무시했습니다. 오히려 반감이 세져서 끝까지 잡아서 죽이겠다고 위협까지 합니다. 엘리야는 적들이 자신을 인정할 줄 알았는데, 오히려 더 무시하고 적대적이 된 상황을 맞습니다.

하지만 엘리야가 두려워할 필요가 있습니까? 지금까지 내가 쓰러뜨린 대적이 얼만데, 이세벨에게도 더 강하게 나가면 될 것 아닙니까? 그런데 신기합니다. 엘리야의 마음에는 '이 정도면 이세벨도 도망갈 거야'라는 마음이 있었던 것 같습니다. 자신이 기대했던 마지막 외적인 인정—이세벨 스스로의 굴복—이 벌어지지 않자, 엘리야의 힘이 갑자기 쭉 빠져 버립니다.

> 그가 이 형편을 보고 일어나 자기의 생명을 위해 도망하여 유다에 속한 브엘세바에 이르러 자기의 사환을 그곳에 머물게 하고 자기 자신은 광야로 들어가 하룻길쯤 가서 한 로뎀 나무 아래에 앉아서 자기가 죽기를 원하여 이르되 여호와여 넉넉하오니 지금 내 생명을 거두시옵소서 나는 내 조상들보다 낫지 못하니이다 하고(왕상 19:3-4).

엘리야가 갑자기 죽어버리겠다고 합니다. 이것이 바로 외향적인 사람이 하나님을 떠날 때 경험하는 자신의 함정입니다. 외향적인 사람은 하나님 외에 밖에서 인정받는 것으로 자신의 인생의 가치와 의미를 판단합니다. 세상에서 잘나가고, 잘될 때는 그것이 통합니다. 그러나 그 외적인 인정이 무너질 때 자신의 인생을 끌고 가는 모든 에너지도 같이 사라지게 되는 것입니다. 외향적인 사람은 이때 자신의 성격의 한계를 깨닫게 됩니다. 나는 인정 없이는 죽는 사람임을 말입니다.

하나님의 치유: 계획된 고독

하나님은 외향적인 일들을 통해 삶의 가치와 즐거움을 찾았던 엘리야를 어떻게 치유하실까요? 하나님은 '계획된 고독'을 엘리야에게 선물하셨습니다. 이세벨의 거센 반발과 위협은 하나님의 계획 아래에 있었습니다. 하나님은 엘리야가 외적인 성과와 외부의 인정을 통해 자신의 삶을 증명하기를 원하지 않으셨습니다.

> 그가 대답하되 내가 만군의 하나님 여호와께 열심이 유별하오니 이는 이스라엘 자손이 주의 언약을 버리고 주의 제단을 헐며 칼로 주의 선지자들을 죽였음이오며 오직 나만 남았거늘 그들이 내 생명을 찾아 빼앗으려 하나이다
> 여호와께서 이르시되 너는 나가서 여호와 앞에서 산에 서라 하시더니 여호와께서 지나가시는데 여호와 앞에 크고 강한 바람이 산을 가르고 바위를 부수나 바람 가운데에 여호와께서 계시지 아니하며 바람 후에 지진이 있으나 지진 가운데에도 여호와께서 계시지 아니하며

> 또 지진 후에 불이 있으나 불 가운데에도 여호와께서 계시지 아니하더니 불 후에 세미한 소리가 있는지라(왕상 19:10-12).

하나님은 엘리야를 시끄럽고 사람 많은 곳에서 만나지 않으셨습니다. 일부러 고독과 조용한 침묵 속에 두셨습니다. 왜 그렇습니까? 하나님은 엘리야가 자신의 삶의 한계와 부족함을 느낄 때, '더 많은 관계', '더 넓은 네트워크', '더 많은 사람의 인정'을 통해서 해결해야 하는 것이 아니라 **'유일한 관계'**를 통해서 풀어 가야 함을 가르쳐 주고 싶으셨던 것입니다.

외향적인 성격은 하나님의 유일한 인정을 갈망하지 않고는 삶이 굉장히 중독적으로 흐를 수 있습니다. 그것은 외부의 동력이 끊임없이 주입되지 않으면 멈추는 자동차와도 같습니다. 그러나 하나님이 계획적으로 멈추게 하실 때, 그 시간을 너무 지겨워하면 안 됩니다.

자신에게 이렇게 물어보세요. "나는 매우 바쁘고 활달하지만, **온전히 하나님을 만나는 거룩한 고독의 시간**이 언제나 우선되고 있는가?" 하나님과 소통하는 것은 내가 주도적이 될 수가 없습니다. 우리가 기도할 때마다 응답이 있습니까? 성경을 읽을 때마다 매번 은혜가 됩니까? 그렇지 않습니다. 그러나 바로 그게 외향적인 사람들을 위한 선물입니다. 가만히 있어야 합니다. 하나님이 주도적으로 말씀하실 때까지, 마음을 변화시키시고 확신을 주실 때까지 기다려야 합니다.

하나님과의 유일한 관계로부터 나의 인생이 정돈될 때에야, 외향적인 사람은 다른 사람들이 인정하지 않아도 하나님이 주신 사역을 끈기 있게 감당할 수 있게 되는 것입니다.

섬김을 위한 외향성

이런 말을 들으면 조금 이상합니다. 그러면 결국 외향적인 사람은 고독하고 '내향적'으로 변하는 것이 거듭남이라는 말일까요? 그렇지 않습니다. 고독 속에 하나님과의 관계로부터 자신의 삶을 바라봐야 된다고 해서, 성격이 내향적으로 변화되어야만 거듭난다는 말이 아닙니다. 하나님을 만나도 그 사람의 외향적인 기질은 그대로 계속됩니다. 다만, 표현이 거듭납니다. 성격은 그대로인데, 하나님을 적대하고 자신을 파괴하며 이웃에게 상처를 주던 타락의 오염들이 제거되고, 오히려 하나님의 성품을 가지고 나를 세우고, 다른 사람들을 살리는 외향성을 옷 입게 된다는 말입니다.

거듭난 외향성을 한마디로 표현하자면, **'섬김을 위한 외향성'**이라고 말할 수 있습니다. 성격의 이유를 묻고 있는 것입니다. 나는 지금까지 왜 사람들을 만나고 다녔습니까? '내가' 외로웠기 때문입니다. '내가' 사람을 좋아했기 때문입니다. '내가' 사람들로부터 인정을 받고 싶었기 때문입니다. 그러니까 외향성의 중심에는 내 자신이 있었던 것입니다. 이것이 외향적인 성격이 타락하는 핵심 지점입니다.

그러나 거듭난 외향성은 다릅니다. 나를 위한 외향성이 아닌 '섬김을 위한 외향성'을 갖게 됩니다. 나는 사람 만나는 것을 좋아합니다. 그런데 왜 그 사람을 만나나요? '내가' 외로워서가 아니라 '그 사람'이 외롭지 않도록 만납니다. '그 사람'이 즐거워하기 때문에 만납니다. 똑같은 외향성이지만, 숨겨진 방향성이 다릅니다. 내가 살겠다는 것이 아니라, 그를 살리겠다는 것입니다.

목사의 중요한 업무 중 하나는 교인을 심방하는 일입니다. 내게 주신 양떼를 돌보기 위해 집이나 회사에 방문해 기도제목을 묻고, 삶의 이야기들을 듣는 것은 하나님이 맡기신 귀한 일입니다. 다만 이 심방도 대상이 많아지면 결코 쉽지가 않습니다. 교인이 각자 사는 곳도 다르고, 상황들도 모두 다르기에 하루에 세 명 이상을 만나면 녹초가 되기 십상입니다. 내향적인 목사님들은 에너지의 소모가 두 배 이상입니다. 사람을 만날 때마다 집에 가서 쉬고 싶은 생각만 듭니다. 골방에서 기도하고 책을 보면 살아나는 사람들인데, 사람을 계속 만나야 하는 일정만 있으니 너무나 지칩니다.

한편, 이런 업무에서 쓰임 받는 목사님들이 계십니다. 그들이 '거듭난 외향형'의 목사님들입니다. 그분들도 심방이 힘들긴 하지만 새로운 사람을 만나는 것 자체를 좋아하는 사람들입니다. 그러나 나를 위해서, 내가 외로워서 만나는 것이 아니라 상대방이 힘을 얻고 그들이 살아나기에 만납니다. 나와 연배가 다르고 성별이 달라도 상관없습니다. 이 목사님들은 끝까지 에너지가 넘칩니다.

보이십니까? 이 시대에는 외향적인 사람들이 필요합니다. 그러나 이 땅의 외향형의 사람들은 '나'를 위해 활동적으로 삽니다. 모두가 나를 바라봐 주기를 바랍니다. 우리에겐 섬김의 외향성이 필요합니다. 타인을 위한, 이웃을 위한 외향성으로 문밖을 나가 사람을 만나는 것이 바로 이 시대 외향적인 그리스도인들에게 주신 사명입니다.

사람에게 인정받지 못하신 분

외향성의 관점에서, 예수님은 공생애 마지막에 사람으로부터 오는 인정을 전적으로 받지 못하신 분이었습니다.

> 이르되 성전을 헐고 사흘에 짓는 자여 네가 만일 하나님의 아들이어든 자기를 구원하고 십자가에서 내려오라 하며(마 27:40).

그렇게 많은 기적을 베풀고 자신이 하나님의 아들이자, 하나님 자신임을 증명하셨음에도 사람들은 예수님을 인정하지 않았습니다. 그러나 예수님은 끝까지 자신의 사역을 외적으로 증명하는 데에 애를 쓰거나, 사람을 통해 인정을 추구하시지 않았습니다. 유일한 관계 되신 성부 하나님 안에서 그 답을 찾았습니다.

> 예수께서 큰 소리로 불러 이르시되 아버지 내 영혼을 아버지 손에 부탁하나이다 하고 이 말씀을 하신 후 숨지시니라(눅 23:46).

하나님께 모든 삶을 맡겼기 때문에 예수님의 삶에서 사람으로부터 오는 인정은 '절대적'인 것에서 '상대적'인 것으로 바뀌었습니다. 예수님이 이 땅에 오셔서 이러한 일을 겪으셔야 했던 이유가 무엇입니까? 바로 우리 때문이었습니다. 우리는 사람으로부터 오는 인정을 절대화시켰고 하나님을 상대화시켰습니다. 사람에게만 잘보이고 사람에게만 인정받으면 우리의 인생은 다 풀릴 수 있을 것이라 생각했습니다.

그러나 모든 사람에게 무조건적인 것이 있으니 바로 '죽음'이었습니다. 사람은 죽습니다. 죽으면 하나님의 절대적인 심판을 받습니다. 그것은 인간의 상대적인 우월함과 고결함으로 해결할 수 없는 문제였습니다. 죄인은 결코 하나님의 인정을 받을 수 없었습니다. 그런데 하나님께 인정받는 아들, 유일한 독생자이신 예수님이, 우리 대신 하나님께 인정받지 못하는 죄인의 자리에 서셨습니다. 그리고 자신이 받으셨던 하나님으로부터 오는 **영원하고 완전한 인정**을 우리에게 주셨습니다. 우리가 그것을 믿으면 외향적인 성격 속에서도 우리의 성격이 예수님을 닮아 완전해질 수 있습니다.

죄인이고 연약한 나도 완전한 자녀로 품고 인정하신 하나님이 계시니, 이제부터 사람이 말하는 나에 대한 그 모든 평가와 관심들은 모두 상대적일 뿐입니다. 사람들을 위해서 그들이 나를 인정하게 만드는 데에 내 인생 모든 것을 바치지 않습니다. 상대적이고, 지나갈

뿐임을 인식하게 됩니다. 오히려 나를 인정하신 그분만 바라며, 나의 외향성을 섬기는 외향성으로 변화시켜 외롭고 소외된 많은 사람을 살리며 주님께 영광 돌리기를 원합니다. 이것이 바로 거듭난 외향인들의 고백입니다.

4
내향형(I)의 거듭남
관계 속에서 좋은 일을 기대하기

혼자 있는 게 좋은 사람

내향적인 사람들은 굳이 사람을 만나지 않아도 됩니다. 남에게 피해를 주지도 않고, 남에게 간섭하지도 않겠다는데 이게 뭐가 잘못됐나요? 내향적인 사람은 문제를 일으킬 일도 없을 것 같고 외향적인 사람보다 훨씬 더 착하고 부드러울 것이라는 생각이 듭니다.

그런 내향적인 사람들에게 자기 의는 무엇일까요? 바로 "너에게서 받을 도움은 없어"입니다. 내향적인 사람은 관계를 통해 선한 것이 올 수 있다는 생각 자체를 거부합니다. 나는 혼자 재밌을 수 있는 사람입니다. 나는 혼자 놀 수 있는 사람입니다. 그러므로, '너'는 필요가 없습니다. 이렇게 보면 내향적인 사람들은 하나님이 주시는 관계

임에도 불구하고, 그것으로부터 오는 선한 것을 기대하지 못하고 자신이 먼저 그것을 차단하는 오류를 범할 가능성이 커집니다. 특히 외부와 관계를 맺을 때 어렸을 적 부모로부터, 청소년기의 교우 관계로부터, 성인이 되어 연인으로부터 몇 가지 깊은 상처를 받게 되면 관계로부터 오는 기쁨을 기대하지 않는 성향이 더욱 깊어지게 됩니다. 애덤 맥휴 목사님이 내향적인 사람들을 설명하는 부분을 보세요.

내향적인 사람들은 에너지가 고갈되면 대인 관계를 피한다. 반면 수줍음을 많이 타는 사람들은 자의식 과잉 때문에 또는 판단 받을까 봐 두려워서 대인 관계로부터 도피한다. (…) 우리의 두려움은 우리가 용기를 냈지만 제대로 이해받지 못하고 거절당할 때 더 심해진다. 그리고 강화된 두려움은 우리를 더 큰 자기 의심과 대인 관계적 불안에 빠뜨린다. 그 고통스러운 감정으로 인해 우리는 자기 안으로 더 깊이 들어간다. 그렇게 되면 우리는 그 감정을 다른 사람들과 나누기가 어렵다. 이렇게 수줍음의 순환 구조가 완성된다. 대인 관계 상황으로부터 숨으면서 사람들과의 교류에 대해 냉소적이게 되고, 자기 내면세계에 스스로를 봉인해 버린다.[10]

내향적인 사람의 거듭남: 기대

내향적인 사람들은 단순히 "사람 좀 만나 봐"라고 말한다고 해서 움직이지 않습니다. 그들은 관계를 기대하지 않기 때문에 관계를 회피합니다. 그들에게는 **신뢰할 수 있는 관계에서 오는 회복**이 필요합니다. 관계 속에 선한 것이 있음을 인정하는 계기가 필요하기 때문입니다. 그래야 다시 새로운 관계를 기대하는 방향으로 나아갈 수 있습니다.

고집스러운 여자

마가복음 5장에는 혈루증 여인이 치유받는 사건이 나옵니다. 쉽게 말하면 '만성 자궁 출혈' 정도로 이해할 수 있습니다. 이 여자는 자신의 질환을 누구에게도 말 못하고 힘들어하는 사람이었습니다. 환경이 그렇다 보니 삶의 고립이 분명 악화되어 갔을 것입니다.

그런데 이 여자는 그 질병이 아니더라도 내향적인 사람이었을 것이라고 추측해 볼 수 있습니다. 예수님이 오셨을 때 자기 문제를 해결하려는 방식을 보세요. 예수님이 사람들의 병을 고치시는 것을 알고, 가만히 예수님의 몸에 손을 대면 나을 수 있겠다는 나름의 생각을 한 것 같습니다. 그녀는 조용히 예수님께 다가가 손을 댔고, 예수님은 절대 자신이 다가갔음을 모를 것이라 생각했습니다.

> 예수의 소문을 듣고 무리 가운데 끼어 뒤로 와서 그의 옷에 손을 대니 이는 내가 그의 옷에만 손을 대어도 구원을 받으리라 생각함일러라(막 5:27-28).

그녀가 원하는 것은 아주 단순했습니다. 예수님의 옷을 만지면서도 다른 것은 기대하지 않았습니다. 그저 '치유'만 바랄 뿐이었습니다. 예수님에게 인사라도 좀 할 수 있는 것 아닌가요? 감사의 한마디라도 남기고 떠날 수 있는 것 아닙니까? 그녀에게는 그렇지 않았습니다. 이 혈루증 여인은 내향적이고, 병에 걸려 불쌍하게 보이지만, 자세히 들여다보면 그녀가 오로지 자신의 문제 해결만을 위해 집중하고 있음을 알 수 있습니다. 그 외의 관계로부터 오는 그 어떤 기대도 원천 차단하는 고집스러운 모습을 보여주는 것입니다.

일을 크게 만드시는 예수님

그런데 예수님은 이 여자의 접근을 알고 계셨습니다. 그 여자가 내향적인 것을 알면, 예수님은 조용히 그녀에게 다가가 "사람들이 많아서 부끄러웠지? 하지만 난 알고 있었어. 병은 치유되었으니 잘 가거라"라고 말씀해 주셔도 될 일이었습니다. 그런데 예수님이 일부러 일을 크게 벌리십니다.

예수께서 그 능력이 자기에게서 나간 줄을 곧 스스로 아시고 무리 가운데서 돌이켜 말씀하시되 누가 내 옷에 손을 대었느냐 하시니 제자들이 여짜오되 무리가 에워싸 미는 것을 보시며 누가 내게 손을 대었느냐 물으시나이까 하되 예수께서 이 일 행한 여자를 보려고 둘러 보시니 (막 5:30-32).

이 장면의 예수님의 목소리를 들어 보세요. 상황이 상상돼야 합니다. 일부러 "누가 내게 손을 대었느냐!"라고 사람들이 주목하게 하십니다. 제자들은 당황합니다. "아니 지금 서로 다 밀치고 있는데 그게 무슨 말씀입니까? 이 상황에서 서로 부딪치며 지나가는 것은 당연한 것 아닙니까, 예수님 너무 예민하시네요"라고 말하고 있습니다.

그러나 예수님은 의도가 있었습니다. 모두가 그 여자만 쳐다봅니다. 그 여자가 제일 싫어하는 상황이 벌어진 것입니다. 남들에게 관심 받고, 주목 받고, 내가 관계 안에서 무슨 말이든 꺼내고 나를 보여야 하는 상황이 이 여자는 너무 싫었습니다.

관계로부터 좋은 것이 나온다

예수님은 그 여자의 혈루증만 치유하실 생각이 없었습니다. 예수님은 그 여자의 기대감을 회복시키시고 싶었습니다. **'하나님이 허락하신 관계를 통해 선한 것이 올 수 있다'**라는 기대감 말입니다. 그 여자는 기대하는 마음이 사라졌던 사람이었습니다. 자기의 내면과 삶에만 집중해도 만족할 수 있고, 선한 일을 만들어 갈 수 있다는 착각에 사로잡힌 사람이었습니다. 예수님은 그 여인의 내면도 치유하기를 원하셨던 것입니다.

여자가 자기에게 이루어진 일을 알고 두려워하여 떨며 와서 그 앞에 엎드려 모든 사실을 여쭈니 예수께서 이르시되 딸아 네 믿음이 너를 구원하였으니 평안히 가라 네 병에서 놓여 건강할지어다(막 5:33-34).

이 여자는 몇 가지 병에서 나았습니까? 두 가지 병을 모두 고침 받았습니다. 하나는 혈루증이요, 다른 하나는 관계에 대해 기대감을 잃어버린 '상실'이었습니다.

내향적인 사람이 거듭나야 할 부분이 바로 관계에 대한 기대감입니다. 이들이 거듭나면 "관계로부터 좋은 것이 나온다"라고 바라보게 됩니다. 사람을 만난다고 해서 무조건 상처만 받는 것이 아닙니다. 그것을 뚫고 주실 하나님의 선한 일이 사람을 통해 옴을 기대해야 합니다.

사람에 대한 기대를 놓지 않았던 바울

사도행전을 보면 바울의 2차 전도여행이 기록되어 있습니다. 그런데 2차 전도여행의 시작이 독특합니다. 서로 싸우면서 시작합니다. 마가라 하는 요한이 있었는데 이 친구를 선교에 동행시킬지 말지를 두고 바울과 바나바 두 사람이 의견 차이로 대립하게 됩니다.

며칠 후에 바울이 바나바더러 말하되 우리가 주의 말씀을 전한 각 성으로 다시 가서 형제들이 어떠한가 방문하자 하고 바울은 밤빌리아에서 자기들을 떠나 함께 일하러 가지 아니한 자를 데리고 가는 것이 옳지 않다 하여 서로 심히 다투어 피차 갈라서니…(행 15:36-38).

결국 바울은 마가가 마음에 들지 않았고 바나바와 헤어지게 되었습니다. 바울 입장에서는 바나바와 싸우고, 마가도 마음에 들지 않고, 사람 때문에 스트레스가 이만저만이 아니었습니다. 그러나 바울은 하나님이 주신 사명을 위해, 하나님이 주신 사람을 기대하는 마음까지 버리지는 않았습니다. 그런 그에게 하나님은 새로운 사람을 붙여주시는데, 그가 바로 디모데였습니다.

> 바울이 더베와 루스드라에도 이르매 거기 디모데라 하는 제자가 있으니 그 어머니는 믿는 유대 여자요 아버지는 헬라인이라 디모데는 루스드라와 이고니온에 있는 형제들에게 칭찬 받는 자니 바울이 그를 데리고 떠나고자 할새(행 16:1-3).

마가와 동역했다가 데인 적이 있으니, 이제 전도 여행을 혼자 해도 되지 않았겠습니까? 그러나 바울은 겸손했습니다. 여전히 하나님이 사람을 통해, 관계를 통해 선한 것을 주실 수 있음을 기대했습니다. 디모데는 오히려 2차 선교여행에 정말 딱 맞는 사람이었습니다. 예전에 전도했던 곳을 돌아보려고 했는데, 디모데가 그 지역 사람들에게 이미 칭찬받는 자였기 때문에 선교에 큰 힘이 되어 주었습니다. 그 사람 자체가 바울에게 복이었던 것입니다. 어떠한 일을 성취할 때, 늘 사람을 기대해야 함을 댄 설리번이라는 작가는 이렇게 표현합니다.

문화적으로 우리는 어떻게 일할지에 집중하고 홀로 일하도록 훈련 받아 왔다. 하지만 (…) 어떻게 일할지가 아니라 누구와 함께 일할지를 고민해야 한다는 뜻이다. 이러한 사고방식의 전환 없이는 성공과 성취를 손에 쥐기 어렵다. (…) 그렇게 한다면 지금 상황에서는 꿈도 꾸지 못하거나 상상조차 할 수 없는 일들을 얼마든지 이루어 낼 수 있다.[11]

여러분은 내향적입니까? 그래도 사람을 통해 오는 하나님이 주신 선한 일들을 끝까지 기대하십시오. 관계를 통해 좋은 것이 올 수 있음을 열어두고 기대하십시오. 하나님은 내게 새로운 사람, 선한 관계를 통해 복을 주시는 분이십니다.

관계를 완성하는 비전

내향적인 사람의 거듭남도 착각하면 안 됩니다. 내향적인 사람이 주님을 만나고 거듭났다고 해서, 갑자기 외향적이 되지 않습니다. 여전히 사람을 만나는 것이 어렵습니다. 나 혼자 있는 게 편한 것은 그대로입니다. 그러면 도대체 어떻게 변화되는 것입니까? 내향적인 사람들은 주도적으로 관계를 만들어 나가는 강점은 없지만, **관계를 완성하는 강점을 가진 자**들로 변화됩니다.

외향적인 사람들은 처음에 친구를 사귑니다. 그러나 누가 날 알아주지 않고, 재미 없고, 사람이 적으면 금방 다른 곳으로 떠납니다.

그래서 외향적인 사람들의 사역과 삶에는 늘 구멍이 많습니다. 이것 저것 많은 일들을 벌여 놓지만 어설픕니다. 관계를 많이 만들어 놓고는 있는데 여기저기서 상처받았다는 말들이 들립니다. 여러 업무를 벌여 놓았는데 놓치는 부분들이 많습니다. 그 모든 것을 해결하는 사람이 관계를 완성하는 내향형의 사람들입니다. 이 사람들은 모두가 파티에서 이야기하고 있을 때 말 상대를 찾지 못해 쩔쩔매는 한 사람을 찾아내는 사람입니다. 모두가 우루루 한 곳을 향해 달려가고 있을 때 뒤에 떨어진 쓰레기를 주울 수 있는 사람입니다. 누가 알아주지 않아도, 하고 싶어하지 않아도 계속 그 일을 할 수 있는 사람입니다. 이들은 타인에게 인정 받지 않아도 내가 기뻐하는 일이면 지속할 수 있는 사람들이기 때문입니다.

내향적인 성격이라면, 무조건 사람을 만나러 나가지 않아도 됩니다. 그러나 내가 만나는 사람과 조직들 속에 새는 구멍이 보인다면, 바로 그 자리가 당신의 자리입니다. 그곳으로 나와서 관계를 완성시키세요. 업무를 완성시키세요. 별 일을 한 것 같지도 않은데, 내향적인 당신 때문에 우리가 완전해졌다는 이야기를 듣게 될 것입니다.

사다리가 되신 예수님

창세기에는 형제인 에서와 야곱의 이야기가 나옵니다. 서로 다투며 도망 다닐 만큼 관계가 좋지 않았던 그들이었지만, 하나님은 두 사람을 화해시킬 계획을 가지고 계셨습니다.

둘째였던 야곱은 화해하기 전에 한 가지 환상을 보게 됩니다.

한 곳에 이르러는 해가 진지라 거기서 유숙하려고 그 곳의 한 돌을 가져다가 베개로 삼고 거기 누워 자더니 꿈에 본즉 사닥다리가 땅 위에 서 있는데 그 꼭대기가 하늘에 닿았고 또 본즉 하나님의 사자들이 그 위에서 오르락내리락 하고(창 28:11-12).

하늘과 땅이 연결되는데, 그 매개체는 사닥다리였습니다. 사다리를 통해 하늘과 땅이 연결된다는 의미가 담겨 있는 듯했습니다. 많은 시간이 지난 후, 에서와 야곱은 결국 다시 만나게 되고, 서로 화해하는 모습이 그려집니다.

에서가 이르되 내 동생아 내게 있는 것이 족하니 네 소유는 네게 두라 에서가 이르되 우리가 떠나자 내가 너와 동행하리라(창 33:9,12).

하늘과 땅이 연결되는 이야기가 에서와 야곱이 서로 화해하고 형제 관계가 완성되는 비전으로 결론지어집니다. 이것은 도대체 무슨 뜻일까요? 시간이 지나고 예수님이 이 땅에 오셨을 때 예수님은 자신을 사다리라고 표현하십니다.

또 이르시되 진실로 진실로 너희에게 이르노니 하늘이 열리고 하나님의 사자들이 인자 위에 오르락 내리락 하는 것을 보리라 하시니라(요 1:51).

예수님은 자신이 관계 완성을 위한 비전을 성취하러 오셨음을 말씀하고 계십니다. 에서와 야곱은 사다리 환상을 통해 화해할 수 있었습니다. 하나님이 직접 매개체가 되셔서 그 두 형제의 화해를 인생 전체에서 주관하고 계심을 보여주고 있었습니다.

그런데 그 일이 실제로 하늘과 땅을 연결하는 사다리가 이 땅에 직접 사람되어 오심을 통해서 완전히 성취됩니다. 그 사다리가 바로 예수님이셨습니다. 하나님을 떠난 사람은 하나님께 갈 수 없고, 하나님과의 관계 속에서 기대할 것은 선한 것이 전혀 없었습니다. 죄인이 하나님과의 관계로부터 기대할 수 있는 것은 '심판' 뿐이었기 때문입니다.

그러나 예수님은 조용히 이 땅에 오셔서 하나님과 죄인 사이에 죽음이라는, 영벌이라는 구멍을 메우셨습니다. 바로 십자가 사건을 통해서 입니다. 자신이 대신 그 죄인의 심판을 당하심으로, 사다리 역할을 하심으로, 다시 죄인 된 인간이 하나님으로부터 좋은 것을 기대할 수 있도록 바꾸어 주신 것입니다.

내향적인 분들이라면, 이 사다리의 비전을 마음에 품으시길 바랍니다. 예수님은 '드러나는 주인공'으로 오시지 않았습니다. 하나님과 죄인 사이에 사다리의 역할을 감당하러 오셨습니다. 그러나 그분은 그 관계 완성의 비전을 성취한 후 하나님 보좌 우편까지 높아지셨습니다. 관계를 완성하러 오셨던 예수님을 닮아, 나도 나아가기를 원합니다. 사다리가 이 땅에 많아지기 시작할 때, 이 땅은 모든 관계 속에서 완성을 경험하게 될 것입니다.

하나님의 성격 수업 One-point lesson

외향형(E) vs 내향형(I)

"만나고, 이야기하고, 바쁘다 바빠!" 외향적인 사람

하나님은 외향적인 사람에게 연결성(connection)이라는 선물을 주셨다. 늘 외부로 에너지가 향하는 그들에게 '표현과 속도'라는 선물을 가지고 다가가 보자. 아무리 사람을 많이 만나도 지치지 않는 외향인이 거듭나는 것은 나를 위해서가 아닌 '상대'를 위해서 만남과 관계를 이어나가는 것이다. 또한 이세벨의 인정을 받지 못하자 금세 힘이 빠진 엘리야처럼 사람의 인정에 기대는 것이 아니라 하나님의 인정만 구하는 삶을 살자.

"혼자서도 충분해요." 내향적인 사람

하나님은 내향적인 사람에게 친밀함(intimacy)을 선물로 주셨다. 머릿속은 복잡 분주한 내향인들에게 '고독과 시간'이라는 선물을 준비해 보자. 혼자서 충분히 잘하고 잘 지내는 내향성의 거듭남은, 그럼에도 불구하고 하나님이 신뢰를 바탕으로 한 인간관계를 통해 나에게 선한 것을 주신다는 기대를 잃지 않는 것이다. 이들은 사다리의 역할을 감당할 수 있는 사람들이다.

감각(S)과 직관(N)
경험을 초월한 세계로 나아간다

1
뜬구름 잡는 소리가 듣기 싫어요

빛이 나는 소개팅남

대학교에 다니는 20대 여성이 선배가 소개해 준 남자와 소개팅을 했습니다. 소개팅을 하고 돌아오자, 룸메이트 친구가 어땠는지 물어봤습니다. 그러자 그 학생은 "정말 신기해. 그분이 들어오는데 뭔가 환한 빛이 반짝거리더라니까! 식당 전체에 환하게 빛이 비치는 느낌이었어!"라고 대답했고, 이 대답을 들은 친구는 어이 없는 표정으로 그 여성을 쳐다보았습니다. 질투가 나서 그랬을까요? 아닙니다. 도저히 무슨 말을 하는지 이해할 수가 없었기 때문입니다. 그 룸메이트는 한숨을 쉰 후 이렇게 말했습니다. "빛이 났다고? 아니 그러니까 그게 도대체 무슨 말인데? 좋았다는 거야? 키가 컸다는 거야? 아니면 잘생겼다는 거야? 빛이 났다는 게 무슨 말이냐고?"

사람이 살아가면서 만나는 모든 자극들을 받아들일 때는 느껴지는 그대로 오감을 통해 받아들이는 경우와, 머릿속으로 상상하며 받아들이는 경우로 나뉩니다. 시각, 청각, 미각, 촉각, 후각을 보통 우리는 오감이라고 부르는데, 만지고 보고 듣는 대로 받아들이는 것이 감각형입니다. 반대로 '육감'이라고 말하는, 감각을 넘어서는 상상과 느낌에 집중하는 사람들을 직관형이라고 합니다.

이러한 구분에 따를 때, 같은 여성 친구 사이에서도 두 여성의 기질이 다름을 알 수 있습니다. 소개팅을 한 여성은 직관형임을 알 수 있습니다. 무엇이라 표현할 수 없는 느낌을 추상적으로 그려냅니다. 애매하게 감은 잡히는데 도대체 구체적인 것이 무엇인지는 알 수 없습니다. 반면 감각형은 구체적인 정보를 필요로 하는 사람들입니다. 남자의 키가 어떤지, 돈이 많은지, 잘 생겼는지, 신앙이 좋은지 등 구체적인 정보가 주어지면 시원해합니다.

같은 믿음을 가지고 있어도

같은 믿음을 가지고 있어도 내 인생에 겪게 되는 상황들을 인식하고 그에 반응하는 기질이 다르면, 다른 대응을 보일 수 있습니다. 그것을 알려주는 대표적인 성경 본문이 '오병이어' 이야기입니다.

사람들이 많이 모여 있는데, 먹을 것은 없고 날은 저물어 가고 있었습니다. 예수님이 일부러 빌립이라는 제자에게 사람들이 굶주리는데 이 문제를 어떻게 해결하면 좋을지 물으셨습니다.

예수께서 눈을 들어 큰 무리가 자기에게로 오는 것을 보시고 빌립에게 이르시되 우리가 어디서 떡을 사서 이 사람들을 먹이겠느냐 하시니(요 6:5).

그 질문을 받아들이는 제자 빌립의 반응을 살펴보세요.

빌립이 대답하되 각 사람으로 조금씩 받게 할지라도 이백 데나리온의 떡이 부족하리이다(요 6:7).

이 대답 하나로 감각형과 직관형의 기질 차이를 구별할 수 있습니다. 빌립은 외부의 정보를 느끼고 보이는 그대로 받아들이는 감각형이었습니다. 예수님의 말씀을 듣는 순간 계산이 됩니다. '떡을 사오라고? 떡이 하나에 얼마지? 인원수를 곱하면 총 금액이 얼마지? 지금 잔고를 보니 이백 데나리온 부족!' 빌립은 있는 그대로 계산했고, 부족함을 예수님께 보고합니다. 많은 제자 중에 예수님이 빌립에게 의도적으로 물으신 이유가 있었습니다. 바로 경험에 갇히는 삶의 한계를 지적해 주시기 위함이었습니다.

빌립은 보이는 대로, 들리는 대로 받아들였습니다. 벌어진 상황만 늘 쳐다보고 있으니 계산이 나올 때까지는 자기 힘으로 해 보려 합니다. "이 정도면 한 달은 버틸 수 있어", "이 정도면 백 명은 먹일 수 있어"라고 말하며 끊임없이 계산합니다. 하나님께서 이런 빌립에게 일부러 '계산이 안 나오는 상황'을 맞이하게 하십니다. 왜일까요? 그래야 경험을 초월한 세계로 나아갈 수 있기 때문입니다. 하나님은 사람에게 있는 그대로 계산하고 판단하는 감각을 주셨습니다. 그것도 하나님이 주신 것이 맞습니다. 그러나 하나님은 보이는 것으로는 답이 나오지 않는 상황으로 우리를 이끌어 가십니다. 인간의 경험을 넘어서 일하시는 하나님을 만나길 원하시기 때문입니다.

감각형인 사람들에게 주신 하나님의 선물: 분석(analysis)

오감을 통해 세상이 주는 자극을 받아들이는 사람들은 자신의 어떤 강점을 활용해야 할까요? 감각적인 사람들은 하나님이 주신 모든 환경을 있는 그대로 바라보며 깊이 분석하고 파고들 수 있는 사람들입니다. 믿음을 가진다고 해서 눈을 감아야 하는 것이 아닙니다. 하나님을 사랑할수록 보이는 것들을 분석하면서 더 하나님을 사랑할 수 있습니다. 숫자를 볼 때마다 계산하게 되고, 자연을 볼 때마다 관찰하게 되고, 사람과 사건을 볼 때마다 원인을 파고들며 분석하려는 분들이 계십니까? 하나님을 믿었다고 해서 분석을 포기할 필요가 없습니다. 보이는 것부터 파고들면서, 그분의 일하심을 느끼는 것이 하나님의 뜻입니다.

관측자를 전제하는 우주

실제로 우주를 배우고 연구하는 많은 학자 중에 신앙을 떠나는 경우가 참 많이 있습니다. 자연을 관찰할수록, 과학적 지식을 파고들수록, 하나님 없이도 세상이 설명되는 것 같고 성경의 이야기들은 과학적인 원리들과 충돌한다고 느끼기 때문입니다.

특히 우주를 관찰하는 사람 중에 이렇게 고백하는 사람이 많습니다. 이렇게 거대한 우주 속에, 이렇게 작은 지구의 공간 안에 우연히 생명체가 있을 뿐이기에, 한 존재는 우주 안에서 큰 의미가 없다는 것입니다. 거대한 우주를 관찰할수록 인간에게 태어난 목적이 있다는 것을 믿기 어렵다고 합니다.

어떻게 해야 할까요? 그렇다고 '덮어놓고' 하나님을 바라보는 것이 믿음일까요? 자연에 대한 관찰과 분석을 포기하고 하나님을 섬겨야 할까요? 그렇지 않습니다. 있는 그대로 상황을 분석하고 관찰하며 파고드는 것은 하나님이 사람에게 주신 특권입니다.

우주를 분석하고 지구를 관찰하는 많은 학자가 동의하는 흥미로운 사실이 있습니다. 바로, 이 우주에서 지구만이 '측정'하고 '관찰'하기에 적합한 구조를 가지고 있다는 것입니다. 즉, 누군가가 마치 "여기에서 저 별을 관찰해 보거라"라고 말한 것처럼 세팅을 해 놓은 느낌이 든다는 것입니다. 관측을 하려면, 관측이 가능하다는 것이 전제되어야 합니다. 관측자가 잘 관찰할 수 있도록 기본적인 세팅이 되어 있어야 합니다. 그 조건이 완벽하게 갖추어진 유일한 행성이 바로 지구라는 것입니다. 옥스퍼드대학교의 수학과 명예교수이신 존 레녹스 교수의 이야기를 들어 보겠습니다.

"(지구는) 우주론과 은하천문학에서부터 항성 천체물리학과 지구물리학에 이르기까지 놀랍도록 다양한 측정"을 하기에 더없이 알맞은 조건들을 갖추고 있다는 것이다.
지구는 별빛이 너무 많고 강해서 먼 우주까지 관측할 수 없는 지점에 위치할 수도 있었다. 투명한 지구의 대기는 지나치게 불투명하거나 반투명할 수도 있었다. 눈에 잘 드러나지 않는 사례들도 있다. 달과 태양의 크기와 그것들과 지구의 거리는 완벽한 일식이 가능한 비율로 딱 맞춰져 있다. 달의 검은 원반이 태양의 빛나는 원반을 아슬아슬하게 가리는 개기일식 덕분에 태양의 대기의 가는 고리를 관측할 수 있고 과학적 연구가 이루어지게 된다. 그 결과로 우리는 태양에 관해 다른 방식으로는 기대할 수 없을 많은 지식을 얻게 되었을 뿐 아니라, 아인슈타인의 일반상대성이론이 예측한 중력에 의한 빛의 휘어짐을 처음으로 확인할 수 있었다.[12]

저는 문과 출신이어서 이과적인 정보와 이야기들이 그렇게 쉽게 이해되는 사람이 아닙니다. 그러나 저는 위의 설명을 읽는 순간 우주가 너무 아름답게 느껴졌습니다. 우주는 관측자의 존재를 허용하는 구조를 갖고 있다는 것입니다. 생전 처음으로 우주를 보는 데 감동까지 느꼈습니다. 관측하라고 만들어 놓았다니요! 저는 지구가 우주를 관찰하기에 가장 알맞게 창조되었다는 설명에서 오히려 하나님의 살아계심을 느꼈습니다. 이러한 발견들은 결코 신앙을 퇴보시키지 않습니다. 분석할수록 하나님의 살아계심을 발견합니다.

지적 게으름

그러므로 신앙생활도 균형을 잘 잡아야 합니다. 믿음은 보이지 않는 것을 믿는 것입니다. 그러나 보이는 것, 볼 수 있는 것을 보지 않는 것은 지적 게으름입니다.

> 구름에 비가 가득하면 땅에 쏟아지며 나무가 남으로나 북으로나 쓰러지면 그 쓰러진 곳에 그냥 있으리라 풍세를 살펴보는 자는 파종하지 못할 것이요 구름만 바라보는 자는 거두지 못하리라(전 11:3-4).

볼 수 있는 것을 보지 않는 것은 믿음이 아닙니다. 상황적인 분석은 언제나 선행되어야 합니다. 신학자 웨인 그루뎀은, 실제로 하나님의 개별적인 인도하심을 받을 때, 주어진 상황에 대한 사실을 수집하고, 상황을 분식하는 일이 선행되어야 함을 이렇게 말합니다.

> 의료, 대학, 일자리, 결혼 상대자, 사역 기회, 정치적 입장을 비롯한 무수한 것과 관련된 숱한 결정이 있다. 이런 결정에서 책임 있는 선

택을 할 수 있으려면, **먼저 상황과 관련된 실제 사실에 대한 정보를 더 찾아내야** 한다.[13] (강조는 필자)

주어진 상황만 분석할 일이 아닙니다. 내 자신에 대한 분석도 포함해야 합니다.

그러므로 구체적 행동을 할지 말지 결정할 때, 자신의 기술, 관심사, 바람, 하나님으로부터 받은 소명 의식을 정직하게 살펴야 한다.[14]

조금만 알아보고, 조금만 객관적으로 생각해 봐도 다르게 결정할 수 있는 일들인데 분석하지 않아서 그르치는 경우가 많이 있습니다. 감각적인 사람들은 세상과 사람들에게 있는 그대로의 현실을 명확하게 보여줘야 할 책임을 가진 이들입니다. 신앙을 갖는다는 것이 결코 있는 사실을 부정하는 방식으로 흘러서는 안 됩니다. 감각적인 사람들은 사실을 분석하는 기질을 통해 세상을 풍요롭게 하는 사람들입니다.

직관형인 사람들에게 주신 하나님의 선물: 상상력(creativity)

직관형의 사람들은 언뜻 보면 현실성이 없어 보입니다. 주제 파악, 현실 파악 좀 하라고 한 소리를 듣기도 합니다. 그래서 때로는 내가 세상에 적응하지 못하는 것인가 하고 위축되기도 합니다. 그러나 오늘을 살아가는 것도 믿음이지만, 내일을 바라보는 것도 하나님이 주신 영적인 갈망입니다. 현실을 보는 사람만 있다면, 꿈이 실제가 되는 경험을 할 수 없습니다. 상상 그 자체도 하나님께서 사람에게 부여하신 기질 중의 하나임을 인정해야 합니다.

이 땅의 모든 것은 하나님의 나라에서 누리게 될 일부를 맛보고, 그것을 사모하기 위해 창조된 것입니다. 자연을 보면 숨어 있는 그분의 아름다움이 나타납니다. 문명을 보면 그분의 지혜가 얼핏 얼핏 드러납니다. 그럴 때 이 직관형의 사람들은 그 근원이 되는 영적인 갈망에 훨씬 더 큰 관심을 갖습니다. 알리스터 맥그래스 교수는 많은 사람이 세상에 보이는 것들을 바라보면서, 동시에 무언가 보이지 않는 세계가 실제로 이 너머에 있을 것 같은 느낌을 받는다고 다음과 같이 설명합니다.

많은 사람이 이런 느낌을 경험한다. 자신이 다른 곳에 속한 존재라는 깊은 인식 말이다. 우리가 아는 것보다 나은 무엇, 다른 무엇이 있지 않겠는가? (…) "갈망을 느끼는 최초의 순간에 우리가 잡으려 하는 무엇이 있었는데, 현실에서 그것은 그냥 사라져 버리고 만다." 당신도 무언가 깊고 의미 있는 것의 문턱에 서 있는 것 같았는데, 그 통찰의 순간이 사라지면서 입장이 금지되는 느낌을 경험했을 수 있다. '저기에 무엇인가 있다'라는 인식은 우리를 괴롭힌다.

인간관계는 더 의미 있는 어떤 것에 대한 달콤씁쓸한 갈망을 만들어 낸다. 관계를 통해 오지만 관계 안에는 없는 무엇을 말이다. (…) 쾌락, 아름다움, 인간관계. 이 모든 것은 많은 것을 약속하는 것 같지만, 그것을 잡으려 하면 우리가 찾는 것이 실상 거기에 있지 않음을 알게 된다.[15]

그러므로 상상은 결코 '터무니 없는 일'이 아닙니다. 하나님의 세계까지, 하나님을 향한 갈망까지 나아가고픈 사람의 영적인 바람의 표현입니다. 그렇다면 상상력의 올바른 적용은 무엇일까요? 단순히 엉뚱한 생각, 새로운 생각을 한다고 해서 그것이 모두 상상력인 것은 아닙니다. 상상력은 하나님을 향한 영적인 갈망에서부터 시작된다고 했습니다. 그래서 상상력의 시작도 하나님이어야 합니다. 그렇다면 하나님이 주시는 상상력은 어디로부터 시작됩니까? 하나님이 주시는 '생각'에서 입니다.

상상으로 일했던 사람

직관적인 사람들을 인도하시기 위해 하나님이 숨겨두신 기회가 바로 **생각**입니다. 보지도 않았는데 먼저 생각나게 하시는 것들이 있습니다. 기도 중에 하나님이 먼저 마음을 주시는 것들이 있습니다. 의도적으로 하나님이 꾸준히, 지속적으로 생각하게 하시는 것을 중심으로 삶을 디자인해 보세요. 그 생각대로 행동할 때 새로운 일이 생기게 됩니다.

이 시대의 문화가 우리의 여가 시간을 사로잡는 방식에는 치명적인 함정이 있습니다. 무엇이든지 보게 만듭니다. 인스타그램 피드를 보게 만들고, 끝없는 유머 영상을 보게 만들고, 유튜브를 보게 만듭니다. 문제가 무엇입니까? 우리로 하여금 보는 것만 생각하도록 만든다는 것입니다. 그러나 보기 전에 생각해야 합니다. 하나님을 생각해야 합니다. 말씀을 생각해야 합니다. 보기 전에 먼저 생각을 통해 이끄시는 것을 중심으로 삶을 풀어 가야 합니다.

바울의 사역은 기도의 사역, 생각의 사역, 상상의 사역이었습니다. 그는 생각과 상상으로 일하던 사람이었습니다. 빌립보서 1장에 바울은 감옥에 수감돼 있습니다. 그런데 갇혀 있는 상황에서도 자신은 지금 즐겁다고 말합니다. 그의 눈이 앞의 상황을 바라보지 않고, 다른 것을 상상하고 있었기 때문입니다. 바로 사랑하는 빌립보 성도들을 상상하고 지냈기 때문에 괜찮다고 이야기합니다.

> 내가 너희를 생각할 때마다 나의 하나님께 감사하며 간구할 때마다 너희 무리를 위하여 기쁨으로 항상 간구함은(빌 1:3-4).

바울의 옥중서신은 여러 개가 있습니다. 대부분의 학자들이 에베소서, 빌립보서, 골로새서, 빌레몬서를 옥중서신으로 봅니다. 그런데 단순히 감옥 그 자체가 지낼만 했다면, 모든 서신마다 감옥 안에서 기쁘다는 이야기가 보편적으로 나와야 할 것입니다. 그런데 특이합니다. 하필 빌립보서에서만 기쁨으로 충만한 바울의 표현들이 많이 등장합니다. 그 말은 단순히 감옥이라는 상황이 지낼만 했던 것이 아니라, 하나님이 특별히 감옥에서 빌립보 성도들과 관련된 생각을 주셨고, 그와 관련된 상상을 할 때 신기하게도 현재 상황을 다르게 바라보는 일이 벌어졌다는 뜻입니다.

바울의 말을 상상해 보자면 이렇게 표현할 수 있습니다. "이야, 정말 신기한 것을 경험했어! 난 사실 감옥에서 너무 힘들 줄 알았거든? 그런데 내 모든 감정과 분위기와 상황이 바뀌게 된 단서가 있는데, 바로 너희를 생각할 때였어! 하나님이 너희가 생각나게 하셨어. 그래서 너희를 생각하며 너희를 위해 기도하기 시작했더니 갑자기 기쁨이 있고, 기대감이 생기고, 가슴이 벅차오르게 되더라!"

이것은 바울의 감옥에서의 삶을 완전히 바꾸시고, 기회를 만드시는 그 근원적인 뿌리가 어디에 있는지 보여주고 있습니다. 바울에게 기회는 '빌립보가 생각난 그 자체'였습니다. '빌립보를 위해서 기도해야겠다'라는 생각이 든 그 자체였습니다. 그게 바울에게 기쁨과 소망을 주었다는 것입니다.

서울에 사는 사람이 오게 해 주세요

저는 군 복무를 준비할 때 카투사에 가고 싶었습니다. 일정한 기준만 충족하면 추첨을 통해 인원을 선발했기 때문에 카투사에 붙게 해

달라고 열심히 기도했습니다. 이 기도제목을 놓고 나보다 더 열심히 기도하는 사람은 없을 것이라고 자부하며, 붙을 것이라고 기대했습니다. 그런데 떨어졌습니다. 충격이 큰 상태에서 허겁지겁 일반병으로 입대하게 되었습니다.

제가 기대했던 바와 너무 다른 상황이 벌어지다 보니, 입대 후에 내가 여기서 무엇을 해야 할지 막막하고 답이 보이질 않았습니다. 원했던 상황이 아니었으니 감사도 나오지 않고 무엇이든 좋게 보이지가 않았습니다. 하나님께 기도했습니다. "하나님, 저를 도대체 왜 여기에 보내신 건가요? 제가 기대했던 군 생활의 환경은 이런 것이 아니었는데요!"

그런데 신기합니다. 기도하는 가운데 하나님이 새로운 기도제목을 주셨습니다. 제 안에 없던, 제가 한 번도 생각해 보지 않았던 기도제목이었습니다. 갑자기 "서울 사는 후임이 들어오게 해 주세요"라는 기도가 반복해서 나오는 것입니다. 그러면서 상상하게 되었습니다. 군대에서 많은 사람을 전도하면 좋겠다는 상상을요. 다만 군대에서 아무리 교회를 잘 다니더라도 전역 후까지 열심이 미치지 못하면 꾸준히 교회를 다닐 수 없을 것이라는 생각이 들었습니다. 그래서 제가 계속해서 그 영혼들을 섬길 수 있도록 제가 사는 서울이 거주지인 사람이 좋을 것 같았습니다. 그러면 장기적으로 전도하기가 훨씬 쉬울 테니까요.

그때부터 신기한 일이 벌어지기 시작했습니다. 새로운 신병이 들어올 때마다 저는 "너 어디 살아"라고 자동적으로 물어보았습니다. 특별히 저와 방을 같이 쓰는 사람들이 연속적으로 들어왔는데 모두 서울에 사는 사람들이었던 것입니다.

결과는 어땠을까요? 그들은 결국 군 생활 동안 저와 함께 교회를 다니기 시작했고, 제가 개척할 때 개척 멤버가 되어 지금도 신앙생활을 함께 하고 있습니다. 저는 일반병으로 입대한 환경만 보고 있었습니다. 그런데 하나님은 저 멀리를 상상하고 계셨습니다. 사람이 전도되고, 저희 교회가 개척되고, 세워져가는 모습을 그리고 계셨던 것입니다.

바울의 눈에 보이는 것은 로마였습니다. 로마 감옥이었습니다. 그런데 하나님이 생각으로 주신 것은 빌립보였습니다. 그게 생각의 사역입니다.

직관적인 기질이 강하신 분들이 있다면, 눈을 감고 살아가는 법을 배워 보십시오. 기도하며 하나님이 주신 생각을 면밀히 분별하여 실행해 보세요. 눈감고 하나님을 높일 때 떠오르게 하시는 감정과 생각을 결코 무시하지 마세요. 현실을 벗어나고, 현실을 돌파하는 타계책이 그 안에 숨겨져 있을지 모릅니다.

2
상상할 자유 vs 예측할 권리

한심해 보이는 이유

감각형의 사람들은 현실적입니다. 그래서 현실에 적용되지 않거나 뜬구름 잡는 이야기를 하는 직관형의 사람들이 때로는 한심해 보입니다. "그래서 돈을 얼마 버는데?", "그렇게 실행하면 뭐가 바뀌는데?" 실제적으로 눈에 보이는 것들이 변해야 인정할 만하고 의미 있다고 여기는 사람들이기 때문입니다. 이것은 저의 고백이기도 합니다. 저는 현실적인 사람입니다. 현실적인 것이 무조건 더 우월한 것이라고 생각했습니다. 하지만 결정적으로 인간이 궁극적으로 추구하는 것이 무엇인지를 깨닫고 나자, 저는 저의 자기 의를 내려놓게 되었습니다.

감각형이 직관형에게 주는 선물 1: 의미

사람은 궁극적으로 무엇을 추구합니까? 사람은 의미를 추구하는 존재입니다. 치열한 일상을 살아가다 보면 현실적인 것이 전부인 것처럼 보입니다. 잘 먹고 잘 사는 게 제일 중요한 문제이고, 누구와 결혼할지, 내 자녀가 어느 대학을 들어가는지가 가장 중요하다고 느껴집니다. 그러나 겉으로 드러내진 않아도 누구나 삶에 채워지지 않는 공허함이 있습니다. 바로 내가 행하는 이 모든 일들이 어떤 의미를 갖게 되는지에 대한 질문입니다. 인간은 의미를 추구하는 존재이기 때문입니다.

하나님을 믿지 않는 철학자이지만, 삶의 의미에 관해서 깊게 파고들었던 토머스 네이글 교수가 있습니다. 그는 자신의 책 『이 모든 것은 무엇을 의미하는가?』에서 이렇게 말합니다.

> 당신이 위대한 문학 작품을 완성하여 그 작품이 수천 년간 읽히더라도, 결국 어느날 태양계는 식을 것이고 우주는 서서히 멈춰 서거나 붕괴할 것이다. 그러면 당신 노력의 모든 흔적도 같이 사라질 것이다. 문제는 우리 삶 안에서 우리가 행하는 크고 작은 대부분의 일을 정당화하고 설명할 수 있지만, 어떤 설명도 인생 전체가 갖는 의미를 설명하지 못한다. 외부에서 인생 전체를 보면, 당신은 사실 존재하지 않았어도 될 사람 아닌가?[16]

저는 처음에 이 말이 별로 설득적이지 않았습니다. 지금 하는 일을 열심히 해서 결과를 만들어 내는 것 자체가 저에게는 충분히 의미있는 일이었기 때문입니다. 더 열심히 공부하고, 더 열심히 일하는 것으로 많은 만족을 얻고 있었습니다. 그러나 우리가 착각하는 의미를 그는 다시 정의합니다.

"그게 어쨌는데? 기차가 떠나기 전에 역에 도착할 수 있을지, 또는 고양이 밥 주는 것을 잊어먹지 않았는지가 중요하다는 것으로 나는 충분해. 나는 계속 살아가기 위해 그 이상은 필요하지 않아." 이것은 완벽한 답변이다. 그러나 이 답변이 유효하려면 실제로 당신의 눈높이를 낮춰, 인생 전체의 의미가 무엇인지 묻지 말아야 한다.[17]

그 행동 자체의 의미를 말하는 것이 아니었습니다. 그 일 전체가 모여서 내 인생 전체가 어떤 의미를 갖게 되냐는 물음이었습니다. 그는 마지막으로 이렇게 정리합니다.

우리는 스스로에게 '객관적으로(from the outside)' 의미 있기를 원한다. 당신이 하는 일이 당신뿐만 아니라 보다 큰 의미에서 중요하다는 느낌, 즉 그 일들이 정말로 중요하다는 느낌이다. 만일 우리가 이 느낌을 포기해야 한다면, 그것은 마치 바람 없이 항해하는 것과도 같다.[18]

저는 사람이 의미를 추구하는 존재라는 것을 깨닫고 직관형의 사람들을 무시하지 않게 되었습니다. 사람은 의미를 추구하기 때문에, 모든 행동과 삶에서 그게 어떤 의미를 만들어 내는지 고민하고 사색할 수밖에 없는 것입니다. 그러므로 감각형의 사람들은 모든 일을 현실적으로 실행할 때, 단순히 그 행동이 만들어 내는 단기적인 성과뿐만이 아니라, 그 실행이 철학적으로, 사회적으로, 존재론적으로 미칠 수 있는 영향을 함께 제시해야 합니다. 그럴 때 내 의견에 시큰둥하던 사람들이 갑자기 마음에 불이 붙는 것을 깨닫게 될 것입니다. 이 세상에는 단순히 현실적인 결과 때문이 아니라, 의미와 명분에 훨씬 더 많은 열정이 생기는 사람들이 존재하기 때문입니다.

오병이어에 숨어 있던 의미

이제 예수님이 일으키신 오병이어의 기적에도 의미가 숨어 있다는 것을 발견할 수 있습니다. 우리는 보통 오병이어 사건을 읽을 때 현실적인 결과가 어떻게 되었는지만을 기억합니다.

> 그들이 배부른 후에 예수께서 제자들에게 이르시되 남은 조각을 거두고 버리는 것이 없게 하라 하시므로 이에 거두니 보리떡 다섯 개로 먹고 남은 조각이 열두 바구니에 찼더라(요 6:12-13).

이것이 보이는 결과였습니다. 그러나 예수님은 이 기적을 통하여 인생의 의미, 더 큰 사건의 의미도 함께 주셨습니다.

> 그 사람들이 예수께서 행하신 이 표적을 보고 말하되 이는 참으로 세상에 오실 그 선지자라 하더라(요 6:14).

예수님을 따라가는 사람들은 현실적인 결과와 동시에 의미에 있어서도 만족을 누릴 수 있었습니다. 내가 주님을 따르는 제자라면, 나의 행동에 균형을 찾아야 합니다. 아무리 내가 오감으로 들어오는 감각에만 집중하는 현실적인 존재더라도, 상대방에게 나의 행동이 거시적인 관점에서 어떤 영향력을 나타낼 수 있는지 제시해 주는 것이 내게 주신 이웃을 사랑하는 방법입니다.

감각형이 직관형에게 주는 선물 2: 새로움

직관형의 사람들의 마음에 불을 지르고, 꾸벅꾸벅 졸던 눈을 뜨게 만들 또 한 가지 방법은 바로 '새로움'입니다. 직관형의 사람들은 현실적인 실현 가능성보다 새로운 것을 생각해 보고, 시도해 봤다는 것 자체에 의미를 부여하는 사람들입니다. 기존에 아무리 잘 실행되던 것이라도, 기존에 하던 것이라는 이유로 점수를 낮게 매기는 사람들이기 때문입니다. 아주 단순하게는 바로 연애에 적용해 볼 수 있습니다. 상대방이 직관형이라면, 데이트 장소와 식사 장소를 자주

바꿀 필요가 있습니다. 특별하지 않은 음식, 별로 맛이 없는 식당이어도 괜찮습니다. 그들은 '새로움을 먹는 사람들'이기 때문입니다.

저는 늘 가던 음식점만 가는 목사입니다. 그래서 억울합니다. '내가 왜 맛없는 식당에 가서 내 돈을 주고 먹어야 해? 내 입맛에 딱 맞는 맛있는 식당을 찾았으면, 계속 그걸 먹으면 되잖아?' 이렇게 생각하기 때문입니다. 그러나 다시 한번 생각해 볼 필요가 있습니다. 내가 지금 계속 가는 맛있는 식당은 누가 찾아 준 것일까요? 이 질문을 던지니 제 고집이 다시 꺾이게 되었습니다. 제 동생은 엄청난 직관형입니다. 주변에 새로 오픈한 가게들을 뒤져서 직접 찾아가서 먹어 보는 사람입니다. 그런 직관형 때문에 내 맛있는 식당도 찾게 된 것입니다. 만약 저같은 감각형이 계속해서 새로움에 거부 반응을 보이면 어떻게 될까요? 말 그대로 그 영역의 '고인물'이 될 수밖에 없는 것입니다.

그러므로 감각형은 직관형에게 언제나 새로움이라는 선물을 주어야 합니다. 그러나 이 선물은 결코 일방적으로 주는 것이 아닙니다. 그 새로움이라는 선물이 고여 있는 내 삶의 영역들에도 신선함을 줄 수 있기 때문입니다. 일할 때에도 바로 적용할 수 있습니다. 모든 회의와 보고에 기존에는 하지 않았던 방식을 작게나마 제안해 보세요. 백종화 코치는 이렇게 조언합니다.

팀원이 직관형 리더에게 의사결정을 받을 때 가장 좋은 방법 중 하나는 '기존과는 다른 새로운 전략을 추가'하는 것이다. '이번에 보고 드린 내용 중에 A라는 방식은 이전에 사용되지 않았던 방식이다'라는 것을 강조하면 조금은 리더의 마음이 'OK'에 다가가게 된다.[19]

직관형이 감각형에게 주는 선물 1: 과정

그렇다면 직관형이 감각형에게 줄 수 있는 건 뭘까요? 직관형의 사람들은 땅에서 바로 우주로 날아갈 수 있는 사람들입니다. 오늘 바로 세계를 정복하기도 하고, 구름 위에서 살기도 합니다. 내 상상은 너무 빠르고 다양해서 도저히 따라오지 못하고 이해하지 못하는 현실적인 사람들이 답답하게 느껴질지 모릅니다.

세상에서는 이런 반대의 사람들이 서로 융화될 수 없습니다. 그냥 속으로 이해해 주는 척할 뿐입니다. 그러나 그리스도를 구주로 모실 때, 직관적인 사람들도 현실적인 것을 결코 무시하지 않게 됩니다. 오병이어 사건은 분명 기적이었습니다. 기적은 현실을 무시하고 곧바로 상상했던 일들이 펼쳐지는 '비약 중의 비약' 아니겠습니까? 그러나 이 본문을 자세히 살펴보면, 기적이 일어나기 직전에는 분명히 하나님이 명하신 '과정'이 있었음을 알 수 있습니다.

이는 남자가 한 오천 명 됨이리라 제자들에게 이르시되 떼를 지어 한

> 오십 명씩 앉히라 하시니 제자들이 이렇게 하여 다 앉힌 후 예수께서 떡 다섯 개와 물고기 두 마리를 가지사 하늘을 우러러 축사하시고 떼어 제자들에게 주어 무리에게 나누어 주게 하시니 먹고 다 배불렀더라 그 남은 조각을 열두 바구니에 거두니라(요 6:14-17).

오병이어 사건은 어떻게 일어나게 되었습니까? "배고파요!" "그래? 짠!" 하는 이런 기적이 아니었습니다. 오병이어 사건은 분명 기적이었습니다. 그러나 '과정이 있는 기적'이었습니다. 우선 떼를 지어 오십 명씩 앉혔습니다. 꿈쩍하지 않는 사람들을 다시 일정한 질서대로 모이게 만드는 과정이 얼마나 힘들었을까요? 예수님이 축사하신 후에는 무슨 일이 있었습니까? 여기에도 절차가 있었습니다. 예수님은 곧장 사람들에게 음식을 주시지 않았습니다. 먼저 제자들에게 주셨습니다. 그리고 제자들이 가져다가 무리에게 나누어 주게 하셨습니다. 자세히 살펴보면 과정들이 숨어 있었습니다.

위대한 일을 꿈꾸고, 세상에 없는 일을 실행하는 직관적인 하나님의 사람이 되기를 원하신다면, 현실적인 과정을 무시해서는 안 됩니다. 현실적인 생각을 하는 사람들에게 먼저 과정을 설명해 보세요. 프로세스를 만들어 가세요. 현실에 매이는 것 같지만, 오히려 기적 같은 일들이 더 금방 벌어지게 될 것입니다.

직관형이 감각형에게 주는 선물 2: 예시

앞서의 과정과 함께 현실적인 사람들도 그 꿈에 동참하게 만드는 방법이 있습니다. '예시'를 보여주는 것입니다. 현실적인 사람들은 당장 눈에 보이는 것을 원합니다. 그 일들이 굴러간다면, 어떤 모습일지를 내 눈으로 확인하기를 원합니다. 이들에게 필요한 것은 조감도입니다. 바로 예시 모형입니다. 대충 그려도 좋습니다. 일단 보여주세요. 그러면 감각형인 사람들의 가슴이 뛰기 시작합니다.

> 감각형 리더와 소통을 하거나 보고를 할 때 과거 참고 자료를 공유하면 좋다. '지금 보고 드린 내용은 과거 A팀에서 비슷한 방식으로 진행했었고, 경쟁사인 T사에서도 조금은 다르지만 OO이라는 방식으로 제안을 했습니다. 지금 보시는 영상이 그 내용입니다'와 같이 케이스를 공유하면 감각형 리더는 자신이 알지 못하거나 경험하지 못한 내용들에 대해서도 빠르게 학습하며 의사결정을 하게 된다. 감각형 리더가 의사결정을 하지 못할 경우가 '내가 모르는 일, 내가 경험하지 못한 일'일 때가 많기 때문이다.[20]

분명히 이런 경우가 있었을 텐데

직관형이 스스로 겸손해지며, 나와 성격이 다른 사람들을 더 잘 설득하고 자신의 꿈에 동참하게 만들기 위한 방법을 정리하자면 이렇습니다. 항상 "분명히 이런 경우가 있었을 텐데"라고 물어보는 습관을 갖는 것입니다. 분명히 역사적으로 그런 비슷한 일들이 있었을 것입니다. 이런 고민을 먼저 해 본 사람이 있었을 것입니다. 다른 나라, 다른 기업, 다른 사람이 했던 방식이 있을 것입니다.

교회를 개척하면서 많은 목사님께 이 시대에 헌금을 어떻게 하면 지혜롭게 사용할 수 있을지 여쭈어 보았던 적이 있습니다. 마음을 모으는 일과, 그 모인 마음을 사용하는 일 모두 매번 쉽지 않다고 느꼈기 때문입니다. 한 목사님과 그 이야기를 나누는 도중에, 그분이 말씀하셨습니다. "목사님, 그 고민을 목사님이 제일 먼저 했다고 생각하지 마세요. 목사님처럼 헌금을 어떤 방식으로 모을지, 어떻게 쓸지 고민한 사람이 있었을까요? 없었을까요?" 당연히 있었을 것이라고 대답했습니다. 그분은 좋은 곳에 사용할 돈을 어떻게 지혜롭고 깨끗하게 모을 수 있는지 고민하는 곳이 NGO라고 말씀하시며, 인터넷 서점에 '모금학'을 검색해 보라고 하셨습니다. 와! 모금을 위한 학문이 존재한다니! 다시 한번 겸손해지는 시간이었습니다.

직관적인 분이신가요? 내가 그 상상을 처음했다고 생각하지 마세요. 저 현실적인 사람이 나를 이해하지 못한다고만 생각하지 마세요. 내가 훨씬 더 잘 설득할 수 있는 예시들, 과거의 사건들이 주변에 널려 있습니다. 늘 다른 예들을 찾아 제시하세요. 그들이 당신의 꿈에 동참하게 될 것입니다.

3
감각형(S)의 거듭남
새로운 일을 시도하는 원칙

현실적인 사람의 자기 인식

　감각형의 사람들은 살다 보면 자기가 다른 사람들보다 훨씬 현실적임을 스스로 깨닫게 됩니다. 그리고 변화하려고 나름 시도도 합니다. 그런데 현실적인 사람들의 변화는 생각보다 어렵고, 자신의 삶을 혼란스럽게 만들 수 있습니다. 오감에만 의존하는 사람들은 분명히 '새로워'질 필요가 있습니다. 문제는 무턱대고 새로운 일, 새로운 상상을 시도만 하다가 그 새로움이 열매로 연결되지 못할 가능성이 크다는 것입니다.

　매번 가던 밥집을 가다가, 새로운 식당에 가는 것이 변화일까요? 매번 하던 생각 말고, 그냥 떠오르는 새로운 생각들을 했다고 그것이 새로워진 걸까요? 내가 현실적이라는 자기인식은 좋지만, 어떻게 새로워져야 하는지 그 방향을 잃을 때가 많습니다.

새로움은 순종으로 온다

하나님 앞에서 감각형의 사람들이 명심해야 할 삶의 태도가 있습니다. 바로 **'새로움은 순종으로 온다'**는 명제입니다. 하나님만이 영원히 새로우신 분입니다. 그렇다면 단순히 새로운 모든 것이 우리의 인생에 유익이 될 수는 없는 것입니다. 하나님 안에서만 감각형이 나아가야 할 방향을 찾을 수 있습니다. 현실적인 사람들은 도대체 어떤 새로운 일을 시도해야 합니까? 그 모든 답은 순종에 있습니다.

내가 지금까지 하지 않았던, 집중하지 않았던, 외면했던 하나님의 말씀들이 있습니다. 말씀을 읽으면 새롭게 다가오게 되는 지점들이 있습니다. 그 말씀에 순종하는 것이 내가 새로워져야 할 방향성입니다. 단순히 새로운 여행지에 가고, 새로운 식당에 간다고 사람이 새로워지는 것이 아닙니다. 순종이 새로워야 합니다.

부자 청년이 예수님을 만났습니다. 자신은 이미 인생을 잘 살고 있다는 자부심이 있었습니다. 그리고 삶에 대해 지겹고 싱겁다는 느낌도 받았던 것 같습니다.

> 그 청년이 이르되 이 모든 것을 내가 지키었사온대 아직도 무엇이 부족하니이까(마 19:20).

새로운 것을 갈급해하는 이 부자 청년에게 예수님은 새로운 여행지나 취미를 추천해 주시지 않았습니다. 그가 새로워질 수 있는 유일한 길은, **내가 외면하고 있던 새로운 순종**이었습니다.

> 예수께서 이르시되 네가 온전하고자 할진대 가서 네 소유를 팔아 가난한 자들에게 주라 그리하면 하늘에서 보화가 네게 있으리라 그리고 와서 나를 따르라 하시니 그 청년이 재물이 많으므로 이 말씀을 듣고 근심하며 가니라(마 19:21-22).

조금이라도 새로운 일을 해 보겠다고 무작정 이 시대 사람들이 한다는 유행을 다 따라가지 마세요. 새로운 것은 절대 트렌드로 만들어지는 것이 아닙니다. 나의 새로운 삶은 나의 새로운 순종을 통해서만 나타날 수 있습니다.

소명과 순종 사이

중국 내지 선교의 선구자로 불리는 허드슨 테일러 선교사의 재정 훈련 이야기입니다. 그는 하나님이 중국으로 부르신다는 확신을 얻었습니다. 다만, 앞으로 하나님이 명하시는 일을 감당하기에는 자신의 믿음이 충분히 훈련되지 않았다는 마음이 들었습니다. 앞으로 일어날 모든 새로운 일들을 감당하기 위해 그가 선택한 것은 지금 여기서 새롭게 순종하는 일이었습니다. 하나님은 허드슨 테일러에게 '돈'에 대하여 새롭게 순종하라는 마음을 주셨습니다.

'중국으로 가더라도 난 아무에게 아무것도 요구하지 않을 것이다. 내가 유일하게 간구하는 분은 오직 하나님뿐일 것이다. 영국을 떠나기 전에, 오직 기도함으로써 하나님을 통하여 사람을 움직이는 비결을 배워야 한다!'[21]

하나님은 새로운 선교지로 그를 부르시기 위해, 새로운 순종을 사용하셨습니다. 허드슨 테일러는 당시 하디라 불리는 박사 밑에서 조수로 일하고 있었습니다. 하디는 의사로서 너무 바빴기 때문에 늘 급여를 깜빡하고 잊곤 했습니다. 그가 급여를 잊으면, 당연히 허드슨이 "저 월급 주셔야 하는 날입니다"라고 말할 수도 있었습니다. 하지만 그는 하나님이 이 상황을 모두 아실 것이라고 생각하고, 직접 말하지 않고도 하나님이 움직이실 수 있음을 체험하기를 원했습니다.

월급날이 되었습니다. 이번에도 이변은 일어나지 않았고, 하디는 급여를 또 잊었습니다. 말하면 될 일이지만, 허드슨은 참았습니다. 그 다음날도 하디는 돈을 주지 않았습니다. 생활비가 부족해지기 시작했습니다. 허드슨의 마음이 힘들어지기 시작했습니다. 돈이 부족해서 힘들었을까요? 아니었습니다. 자신을 힘들게 한 원인을 그는 이렇게 말합니다.

> 물론 나를 괴롭힌 것은 돈 부족이 아니었다. 그건 언제든지 간구하면 주시는 것이었기 때문이다. 내 마음속에 자리 잡은 가장 중요한 문제는 '중국으로 갈 수 있느냐, 그렇지 않으면 내 믿음과 능력이 너무나 부족해서 이처럼 가치 있는 선교 사역으로 들어가는 것을 포기해야 하느냐?' 하는 것이었다.[22]

이것이 바로 새로움의 본질입니다. 여기서 순종하지 못하는데, 어떻게 새로운 선교지에서 순종할 수 있을까요? 하나님이 펼치실 내 삶의 새로운 일이, 바로 여기서 시작하는 새로운 순종을 통해서 생기게 된다는 통찰이 있었던 것입니다.

보통 이런 통찰이 오면 곧 응답도 옵니다. 주님이 나의 나약함을 깨닫게 하시고, 이제 채워 주실 것 같은 느낌이 듭니다. 월급이 들어오지 않은지 2주가 지났을 때였습니다. 하디가 묻습니다. "이상하네. 자네, 급여 줄 때 안됐나?" 묻기가 무섭게 허드슨은 이것이 응답임을 확신하면서 동시에 절박함으로 "맞아요! 급여 주셔야 돼요!"라고 답했습니다. 그런데 상황이 원하는 대로 흘러가질 않습니다. 하디가 대답합니다.

"아이고, 정말 미안하군! 왜 진작 이야기하지 않았지? (…) 얼마 전까지만 해도 급료에 대해 계속 생각하고 있었는데 그만 깜빡 잊고서 오늘 오후에 내게 있던 돈을 모조리 은행으로 보냈지 뭐야. 그렇지 않았다면 지금 당장이라도 자네에게 급료를 지불할 수 있을 텐데 말이야."[23]

하나님의 응답으로 회복되는 듯했던 허드슨 테일러의 마음이 다시 절망의 어둠으로 처박혔습니다. 그런데 그 날 밤, 외상으로 하디에게 진료를 받았던 한 부자가 도저히 이 외상을 처리하지 않으면 마음이 편치 않을 것 같다며 하디를 찾아왔습니다. 그가 야심한 밤에 돈을 주고 가는 덕분에 허드슨은 급여를 지급받게 됩니다. 그 순간을 그는 이렇게 표현합니다.

이번에도 역시 내 벅찬 감정을 들키지 않은 채 다른 무엇보다 이제 나는 드디어 중국으로 갈 수 있다는 확신이 들었다. 그리고 다시 조그만 골방으로 들어가 주님을 찬양하기 위하여 그 자리에서 물러났다.[24]

허드슨 테일러는 중국 내지 선교라는 하나님의 새로운 일을 만났습니다. 우리가 생각해 볼 질문은 이것입니다. 그는 어떻게 그 새로운 일을 실행할 수 있게 되었나요? 허드슨은 새로운 트렌드, 요즘 인기 있고 전망 있는 선교지를 찾아 다니지 않았습니다. 오늘의 새로운 순종을 통해 자신의 인생의 새로운 막을 열었습니다.

하나님이 경험할 수 없는 새로운 일

우리가 하나님 앞에 순종할 때, 우리에게 유익이 되는 새로운 일이 생길 수 있음을 우리가 어떻게 알 수 있을까요? 하나님은 자신만이 새로운 일을 창조하는 분임을 이렇게 설명하고 계십니다.

> 너희는 이전 일을 기억하지 말며 옛날 일을 생각하지 말라 보라 내가 새 일을 행하리니 이제 나타낼 것이라 너희가 그것을 알지 못하겠느냐 반드시 내가 광야에 길을 사막에 강을 내리니(사 43:18-19).

이것은 이미 출애굽을 경험했던 남유다 백성들에게 하나님께서 이사야를 통해 예언하신 말씀입니다. 출애굽의 기적을 경험했지만, 그것을 생각하지 말라고 말씀하십니다. 그 방식과도 다른 새로운 일들이 벌어질 것임을 말씀하고 계신 것입니다. 결국 남유다 백성은 고레스 칙령을 통해 바벨론 포로 생활을 청산하고 귀환하게 되는 놀랍고 새로운 일을 경험하게 됩니다.

더불어 성경을 읽을 때마다 우리가 명심해야 할 것이 있습니다. 그 말씀의 궁극적인 성취를 함께 고려하는 것입니다. 하나님은 단순히 우리에게만 새로운 일을 행하시는 분이 아닙니다. 말씀이 우리에게 성취되도록, 먼저 앞서서 말씀을 이루신 분이 계십니다. 바로 예수님입니다.

  이 말씀을 온전하게 이해하기 위해서는 이렇게 질문해 볼 수 있습니다. 하나님께는, 하나님이시기에 결코 경험하실 수 없는 새로운 일이 있습니다. 그것이 무엇일까요? 죽음입니다. 하나님은 영원하신 분이기에 결코 죽음을 경험하실 수 없는 분이셨습니다. 그런데, 경험하셨습니다. 바로 십자가 죽음을 통해서 입니다. 아버지 하나님은 아들 예수님을 이 땅에 보내셔서 직접 죽음을 경험하게 하셨습니다.

  반대의 질문도 마찬가지입니다. 하나님을 떠난 인간이기 때문에, 인간으로서는 결코 경험할 수 없는 새로운 일이 있습니다. 바로 영생(eternal life)입니다. 인간은 그 누구도 영생을 경험할 수 없는 존재입니다. 그런데 하나님이 죽음이라는 새로운 일을 경험하심으로, 자신만이 가진 새로움을 우리에게 주셨습니다. 그것이 영생입니다.

  이사야가 예언했던 새로운 일은 출애굽 사건에서 그치지 않았습니다. 바벨론 포로 귀환에서 그치지 않았습니다. 예수님이 직접 오셔서 이사야의 말씀을 성취하셨습니다. 광야에 길을 내는 일 이상이었습니다. 사막에 강을 내는 일을 넘어서는 것이었습니다. 그분은 하나님과 죄인 사이에 흐르는 죽음의 강을 건너 생명의 길을 여셨던 것입니다. 강을 가르셨던 그분이, 성소 휘장을 또한 가르셨습니다.

> 예수께서 다시 크게 소리 지르시고 영혼이 떠나시니라 이에 성소 휘장이 위로부터 아래까지 찢어져 둘이 되고 땅이 진동하며 바위가 터지고(마 27:50-51).

예수 그리스도를 믿는 믿음을 가지면, 우리는 죽음 이후에 누구도 경험할 수 없는 영생이라는 새 일을 경험할 수 있도록 보장된 존재입니다. 이것을 믿으십니까? 그렇다면 그 믿음으로 오늘의 인생도 새롭게 해석할 수 있습니다.

죽음을 통해서도 영생이라는 새로운 일을 만들어 내실 수 있는 분이 하나님이시라면, 하나님은 분명 나의 이 상황 속에서도 주의 뜻에만 순종해갈 때, 상황과 형편이 어떻든 그 안에서 선한 새 일을 일으키실 수 있음을 확신할 수 있습니다. 그 새로움의 은혜가 예수 그리스도를 구주로 고백하는 여러분의 삶에 가득하기를 축복합니다.

4
직관형(N)의 거듭남
주어진 것 중에 새로운 것이 있다

새로운 것을 먹고 사는 사람들

온갖 상상과 새로운 도전으로 인생을 채우는 직관형들에게, 따분한 일상은 너무나 견디기 힘든 일입니다. 이것은 신앙에도 그대로 적용됩니다. 이들은 새롭게 일하시는 하나님, 기적을 일으키시는 하나님에 감탄하지만, 일상 속의 평범한 하나님은 도저히 느끼지 못하는 사람들입니다. "하나님! 왜 저번 예배 때 주셨던 그 뜨거운 감격을 다시 주시지 않나요?", "하나님! 왜 취업 준비할 때는 기적이 일어났었는데 이번 결혼을 놓고 기도할 때는 기적을 일으켜 주시지 않나요?" 직관형인 사람들의 삶에는 '새로움' 자체가 우상이 될 수 있는 위험이 늘 도사리고 있습니다.

　직관형 사람들에게 일상에 충실해 보라는 말을 하는 것은 별다른 효과가 없습니다. 내가 원하는 것은 새로움인데, 그것을 포기하고 반대로 길을 걸으라는 말과 똑같기 때문입니다. 그렇다면 하나님은 직관형의 사람들이 새로운 것을 좀 적당히 요구하고, 포기하는 것을 원하실까요?

이미 알고 있는 것 속에서 시작하자

　성격의 거듭남이란 앞서 계속 언급했듯이 내가 가진 기질을 포기하고 반대의 성향을 따르도록 변화되는 것이 아닙니다. 내가 가진 기질은 하나님이 창조하신 것이기 때문에 고유한 탁월함이 있습니다. 그것을 버리는 것이 하나님의 뜻이 아닙니다. 다만 그 기질도 타락하여 내 삶을 파괴시킬 수 있기에, 그것이 선하게 치유되고 변화되어야 하는 것입니다.

　새로운 것은 어디에서 올까요? 세상은 기존의 것을 벗어남에서 온다고 말합니다. 그러나 하나님의 세계는 그렇게 작동하지 않습니다. 하나님이 주시는 새로움은 오히려 **'하나님이 이미 내게 주신 것'**에서 시작됨을 알아야 합니다.

　예수님이 오병이어 사건을 일으키실 때 제자들은 해결이 막힌 문제 속에 새로운 해답을 찾고 있었습니다. 예수님께 그들에게 답이 있냐고 물으시니, 기존에 가진 것을 말하며 그것을 부정적으로 평가합니다.

> 예수께서 이르시되 너희가 먹을 것을 주라 하시니 여짜오되 우리에게 떡 다섯 개와 물고기 두 마리밖에 없으니 이 모든 사람을 위하여 먹을 것을 사지 아니하고서는 할 수 없사옵나이다 하니(눅 9:13).

이것밖에 없다는 말은 부정적인 평가가 분명합니다. 즉, 이것으로는 새로운 일을 행할 수 없다는 뜻입니다. 그러나 우리가 아는 바와 같이 하나님의 새로운 일은 바로 기존에 가졌던 떡 다섯 개와 물고기 두 마리로 시작되었습니다.

중요한 메시지입니다. 하나님은 아무것도 없는 '무'의 상태에서 먹을 것을 만드실 수 있는 분이었습니다. 그러나 일부러 그렇게 하지 않으셨습니다. 왜 그렇습니까? 하나님만이 영원히 새로우신 분이시기에, 그분이 함께하시면 모든 '기존의 피조물'을 통해서도 새 일을 행하실 수 있다는 것을 보여주시기 위함입니다. 내가 어떤 새로운 카드를 가지고 있느냐가 중요한 것이 아닙니다. 내가 기존에 가지고 있던 이것이 '하나님이 내게 주신 것'이라는 확신만 있으면 됩니다. 하나님이 주신 것으로부터 시작하면, 하나님이 기존에 내가 가진 것을 사용하시기만 하면, 얼마든지 새로운 일이 벌어질 수 있는 것입니다.

　이 믿음이 생길 때에 비로소 직관형의 사람들은 거듭날 수 있습니다. 매번 내 인생의 새로운 변화와 도약을 위해서 물리적으로 새로운 것만을 찾아다녔습니다. 새로운 사람, 새로운 여행지, 새로운 아이디어만 찾았습니다. 그러다 보니 길을 잃었습니다. 사실 길을 잃은 것이 아니라 하나님을 잃은 것입니다. 하나님만이 영원히 새로운 존재이시기 때문입니다. 그분을 만날 때 직관형의 사람들은 거듭납니다. 이제 나는 피조물 안에서 새로운 것을 찾지 않습니다. 새로움을 만나기 위해, 먼저 하나님이 내게 이미 주신 것을 활용합니다.

주어진 현실을 향한 시선

　일상에도 적용할 수 있습니다. 하나님이 주신 건강한 믿음은, 결코 주어진 현실을 부정적으로 바라보지 않게 합니다.

　저는 사업을 하다가 크게 어려워진 분들을 종종 만납니다. 그분들은 늘 남의 위에서 일하는 것만 해 왔다 보니, 당장 어려울 때에도 월급 받는 일은 잘 안 하려고 합니다. 사업의 큰돈을 만져보니, 작은 월급은 별것 아닌 것으로 여기기도 합니다. "내가 큰일 해야지, 이런 돈이나 벌고 다니게 생겼냐?"라고 작은 돈이나마 벌 기회를 걷어찹니다. 그러나 더 크게 성장하는 과정 중에 하나님이 내게 주신 것을 하찮게 보는 이런 일들은 결코 있어서는 안 됩니다.

　연애에서는 어떨까요? 멋지고 좋은 사람과 교제하다가 헤어졌습니다. 그래서 그 사람보다 내가 생각하는 인간적인 조건이 부족한 사람들은 이제 눈에 들어오지 않습니다. 무조건 더 낫고, 멋진, 나의 상실감을 배로 채워 줄 수 있는 사람만 찾습니다. 이런 태도 또한 주어진 현실의 만남에서 선한 일들이 벌어질 수 있음을 믿지 않는 것입니다.

신앙 생활을 할 때에도, 지금 내가 출석하는 교회를 무시하면서 어떻게 신앙의 도약을 꿈꿀 수 있을까요? 온갖 교회의 설교들, 전국 각지와 전 세계 목사님들의 설교를 들으며 자신이 섬기는 지역교회와 담임목사님과 공동체를 비난합니다. 그런 사람들은 분석은 탁월한 것 같은데 신앙의 성장이 없습니다. 왜 그럴까요? 지금 내게 주신 것 속에서 하나님이 새로운 일을 행하심을 모르기 때문입니다.

직장인이라면 지금 내게 주신 직장에 먼저 감사해 보세요. 학생이라면 지금 내게 주신 학교를 먼저 충실히 다닐 줄 알아야 합니다. 지금 내게 주신 것 속에서 하나님이 충분히 새로운 일을 만들어 가실 수 있음을 믿을 때, 현실에 대한 긍정이 회복되게 될 것입니다. 티쉬 해리슨 워런이라는 작가는 『오늘이라는 예배』에서 이미 내가 가지고 있는 일상의 진부함 속에서 하나님이 새 일을 행하신다는 것을 이렇게 설명합니다.

알프레드 히치콕은 영화란 "지루한 장면들을 잘라 낸 인생"이라고 말했다. 추격전, 첫 키스, 흥미로운 줄거리, 훌륭한 대화 같은 것들을 보고 싶어 하지, 주인공이 산책을 하거나 교통 정체에 묶여 있거나 이를 닦는 모습을 보고 싶어 하는 사람은 없다. 적어도 너무 오래 혹은 좋은 배경 음악 없이는 보고 싶지 않다.

우리는 지루한 장면들을 잘라 낸 그리스도인의 삶을 원하는 경향이 있다. 그러나 하나님은 우리가 쉬고, 일하고, 놀고, 우리의 몸과 가족, 이웃, 집을 돌보며 하루하루를 살아가도록 만드셨다. 이 모든 지루한 부분들을 하나님은 중요하게 생각하신다면? 작고 하찮게 느껴지는 하루하루가 중요한 의미를 지니고 있으며 하나님이 우리를 위해 준비하신 풍성한 삶의 일부라면?[25]

경험과 직관이 십자가에 모인다

예수님을 바라볼 때 우리는 그분이 경험하신 것과, 그분이 직관적으로 이루신 일을 동시에 깨달을 수 있습니다. 예수님은 인간이 경험하는 것 중에 가장 기대되지 않는 죽음을 '경험'하셨습니다. 그러나 예수님은 죽음을 통하여 가장 기대할 수 없는 '직관적인' 새로운 일을 일으키셨습니다. 그것이 부활입니다. 경험과 직관은 이렇게 십자가에 모이게 되는 것입니다.

예수님은 어떻게 죽음을 통해 새로운 일을 일으키실 수 있었습니까? 죽음이라는 재료가 신선하고 좋았기 때문인가요? 아닙니다. 죽음은 인간이 피하고 싶은 최악의, 냄새나는 자원입니다. 이것으로는 아무것도 할 수 없습니다. 그러면 예수님은 어떻게 이 재료를 통해 부활하셨을까요? 그 대답은 순종에 있습니다. 하나님이 내게 이미 주신 상황에 순종할 때, 영원하신 하나님의 새로운 능력이 그 순종을 통해 임하게 됩니다.

> 그리스도께서 약하심으로 십자가에 못 박히셨으나 하나님의 능력으로 살아 계시니 우리도 그 안에서 약하나 너희에게 대하여 하나님의 능력으로 그와 함께 살리라(고후 13:4).

그래서 우리는 예수님을 '**참 하나님, 참 사람**'으로 고백합니다. 예수님은 한 인격이시지만 두 본성을 가지고 계신 분이십니다. 예수님은 신성과 인성을 모두 지니신 분입니다. 그래서 인간이 경험하는 것을 그대로 경험하시지만, 그 경험을 통하여 신성으로 하나님의 권세와 능력을 직관적으로 우리에게 성취될 수 있도록 일하실 수 있는 분이십니다.

우리도 그리스도와 연합할 때, 참 하나님이자 참 사람이신 그분의 능력을 경험할 수 있습니다. 철저히 인간의 경험이지만, 그것이 순종으로 하나님께 드려질 때, 그 경험을 통해 행하시는 하나님의 일을 볼 수 있는 것입니다.

예수님은 자신이 참 하나님이시자 참 사람이시라는 것, 즉 경험과 직관 두 세계 모두의 통치자라는 것을 이렇게 표현하셨습니다.

> 예수께서 이르시되 나는 생명의 떡이니 내게 오는 자는 결코 주리지
> 아니할 터이요 나를 믿는 자는 영원히 목마르지 아니하리라(요 6:35).

떡은 물리적이고 경험적인 것입니다. 그런데 그분을 먹으면 영원히 목마르지 않게 되는 직관적인 일이 일어날 수 있다는 것입니다. 우리는 이것을 매 예배 때마다 성찬을 통해 경험하고 있습니다.

사람이시자 동시에 하나님이신 예수님의 존재를 그대로 믿고 받아들일 때, 그 모순이 한 인격에서 해소되는 경험을 교부 아타나시우스는 이렇게 표현했습니다.

> 그는 육체로는 고난을 당하실 수 있으나 신성으로는 고난을 당하실 수 없으며, 몸으로는 제한되시나 영으로는 제한되시지 않으며, 동시에 지상적이고 천상적이시며, 만질 수 있고 만질 수 없으며, 이해할 수 있고 이해할 수 없는 분이시다. 그리하여 전인이시며 하나님이신 한 분 동일한 인격에 의하여 죄로 말미암아 타락한 전체 인류가 새롭게 조성될 수 있었다.[26]

도대체 인간의 경험이 무엇과 연결되어야 새로워질 수 있는지 이제 이해할 수 있습니다. 새로운 경험 속에 새로움이 담겨 있는 것이 아니었습니다. 죽음과 같은 최악의 경험도 예수 그리스도를 통해 가장 직관적인 일인 영생과 연결되어 있다면, 내 모든 삶도 이 방식으

로 바라보기를 원합니다. 내가 늘 새로운 것을 상상하고, 현실에 존재하지 않는 것을 꿈꾸지만, 그 모든 새로움은 하나님으로부터 나오는 것임을 믿어야 합니다. 단순히 새로움 자체를 추구하는 것이 아니라, 오늘 하나님께서 내게 주신 것을 귀하게 여기고, 현재의 경험 속에서 온전히 하나님께서 원하시는 일에 순종할 때, 나의 경험을 초월한 신비한 일들이 펼쳐질 것입니다. 이 고백이 있는 여러분들이 되기를 바랍니다.

하나님의 성격 수업 One-point lesson

감각(S) vs 직관(N)

"난 내가 보고 들은 것만 믿지!" 감각적인 사람

하나님은 감각적인 사람에게 분석(analysis)이라는 선물을 주셨다. 객관적이고 현실적인 사실을 좋아하는 그들에게 '과정과 예시'라는 선물을 준비해 보자. 위대한 일을 이루기 위해서도 결코 현실적인 과정을 무시해서는 안 된다. 또한 모형을 보여주는 순간, 그들의 가슴이 뛰기 시작한다. 현실을 뛰어 넘는 새로움이 필요한 그들은 새로운 순종을 통해 거듭날 수 있다.

"보이는 것 너머에 뭔가가 있어." 직관적인 사람

하나님은 직관적인 사람에게 상상(creativity)을 선물로 주셨다. 내일의 꿈을 가지고 사는 그들에게는 '의미와 새로움'이라는 선물을 가지고 다가가자. 그들의 눈이 반짝반짝 빛날 것이다. 하지만 자기 의를 버리고 거듭나기 위해서는 이미 주어진 것 중에 새로운 것이 있다는 것을 잊지 말 것. 또한 모든 새로운 것은 하나님으로부터 시작해야 한다.

크리스천 MBTI: 나는 어떤 성향일까?

Q1. 신앙 고민이 있을 때 나는?
A 담당 교역자나 간사, 동료들에게 털어놓는다. ☐
B 일단 기도하며 혼자 고민한다. ☐

Q2. 교회에서 수련회에 갈 때 버스를 탄다면,
A 누구랑 앉아서 이야기를 해 보지? ☐
B 버스에서는 쉬면서 혼자 가고 싶어. ☐

Q3. 공동체에 새가족이 들어올 때 나는,
A 어떤 분일까? 얼른 친해져야지. ☐
B 차차 기회가 생기겠지. ☐

Q4. 청년부 송년 모임의 인도를 맡게 되었다.
A 나를 위한 자리군. 어떤 활동을 해 볼까? ☐
B 어떡하지, 나 대신 해줄 사람 없나? ☐

Q5. 소그룹 모임을 마치고 저녁까지 먹고 가자고 한다.
A 좋지. 먹고 나서 카페도 갈까? ☐
B 난 집에 가서 충전 좀 해야겠어. ☐

Q6. 내가 베드로라고 상상한다면?
C 내가 베드로?... 상상이 잘 안 되는데... ☐
D 재밌겠다! 나도 과연 물 위를 걸을 수 있을까? ☐

Q7. 말씀을 듣고 은혜 받은 부분을 나눌 때,
C 회사를 예시로 드니까 와닿더라. 나도 그런 경험이 있었어. ☐
D 갑자기 한 줄기 빛이 내 마음속에 비치는 것 같았어. ☐

Q8. 모임에 새로운 리더가 온다면,
C 예전에 함께 사역한 분의 이야기를 들어보니 참 친절하신 것 같아. ☐
D 얼굴에서 인자한 기운이 느껴지지 않아? 좋은 분 같아. ☐

Q9. 공동체에서 선물을 교환하기로 했다.
C 무조건 실용적인 게 최고지. ☐
D 이거 왠지 저 친구한테 어울릴 것 같아서 샀어. ☐

Q10. 처음으로 성가대를 시작한 친구를 만나면,
C 연습은 얼마나 해? 선곡은 누가 하는 거야? ☐
D 갑자기 성가대는 왜 들어간 거야? 연습은 재밌어? ☐

Q11. 친구가 신앙 고민을 털어 놓는다면,
E 힘들겠다. 그 마음 알아. 조금만 더 기도해 보자. ☐
F 그 문제는 이게 원인 아닐까? 앞으로는... ☐

Q12. 공동체에 갈등이 있거나 사건이 생기면,
E 저기 분위기가 이상한데? 무슨 일이지? ☐
F 뭐? 그런 일이 있었어? 난 전혀 몰랐어. ☐

Q13. 다른 사람이 울고 있는 모습을 보면,
E 무슨 일인지는 몰라도 같이 눈물이 난다. ☐
F 왜지? 무슨 일이 있나? ☐

Q14. 한 친구가 모임 시간에 늦었다.
E 사과했으니까 괜찮아. ☐
F 늦은 이유가 있었으니까 괜찮아. ☐

Q15. 공동체의 친구와 다툰 뒤에 화해를 한다면,
E 그땐 정말 속상했지만 나도 미안해! ☐
F 그런 점은 앞으로 서로 조심하면 좋겠어. ☐

Q16. 단기 선교를 등록할 때 나는,
G 등록도 1등! 준비는 미리미리 하는게 좋지. ☐
H 마감 전 마지막으로 등록. 준비는 그때 가서! ☐

Q17. 예배에 참석할 때 내 모습은,
G 예배 시작 15분 전에 도착해 자리를 잡고 준비한다. ☐
H 아 지하철 놓쳤네! 오늘도 뛰어야겠다. ☐

Q18. 교회 사람들과 등산하러 가는 날, 지각자가 발생했다.
G 5분 뒤에 출발해야 되는데, 조정해야겠군. ☐
H 조금만 더 기다리지 뭐, 곧 올 거야. ☐

Q19. 모임에서 누군가 주제를 벗어나는 이야기를 꺼내면,
G 주제에 맞지 않는 내용이니 적당히 넘어가야겠군. ☐
H 흥미로운데? 그래서 어떻게 됐어? ☐

Q20. 교회의 친한 동생과 밥을 먹기로 했다.
G 넷째 주 금요일 7시에 만나는 거 어때? ☐
H 내일 퇴근하고 만날래? 메뉴는 내일 먹고 싶은 걸로 먹자. ☐

결과 A/B, C/D, E/F, G/H 중에 개수가 많은 쪽의 유형을 확인하세요.

A의 개수가 많다면 당신은 **외향형(E)**, B의 개수가 많다면 당신은 **내향형(I)**입니다.
C의 개수가 많다면 당신은 **감각형(S)**, D의 개수가 많다면 당신은 **직관형(N)**입니다.
E의 개수가 많다면 당신은 **감정형(F)**, F의 개수가 많다면 당신은 **사고형(T)**입니다.
G의 개수가 많다면 당신은 **판단형(J)**, H의 개수가 많다면 당신은 **인식형(P)**입니다.

각 MBTI별 대표 성경 인물

ENTP	ENTJ	INTP	INTJ
솔로몬, 느헤미야	요셉	사도 요한	드보라, 도마
ENFP	ENFJ	INFP	INFJ
다윗	에스더, 바나바	모세, 마리아	누가, 예레미야
ESTP	ESFP	ISTP	ISFP
베드로	기드온	마가	나사로, 아브라함
ESTJ	ESFJ	ISTJ	ISFJ
마태, 야고보	사라, 스데반	디모데	룻

NF: 하나님의 사랑을 표현하는 것에 관심이 있다. 훌륭한 영적 멘토가 될 수 있으며 믿음의 사람들과 교제하고 함께 기도하는 것을 좋아한다.

NT: 진리와 교리에 관심이 있다. 논리와 감성의 조화가 필요하고 가르치는 일을 잘한다.

SJ: 섬기고 헌신하는 일에 탁월하다. 현실적이고 결단력이 있어서 교회의 기둥처럼 믿음직스럽고 흔들림이 없다.

SP: 성경의 실용적인 부분을 선호한다. 말씀과 묵상의 훈련이 필요하며 자유로운 환경에서 최대치의 능력을 발휘한다.

3부

사고(T)와 감정(F)
원칙을 지키며 사람도 살린다

1
펑펑 울다가 크게 소리치신 예수님

슬픔은 약함이 되는 사회

현대 사회의 모습처럼 산업이 고도화되기 전 우리의 삶은 대부분 통합적이었습니다. 아침에 일어나면 가족들과 밥을 먹고, 부모님이 하시는 일을 도와주러 나갔습니다. 부모님께 일을 배우고, 부모님께 혼이 나며, 내가 내 동생을 가르쳤습니다. 가업이 기울면 우리 가계 형편도 안 좋아지는 구조였습니다. 거의 모든 것이 하나로 연결되어 있었습니다. 감정도 한꺼번에 해결했습니다. 일하며 다 같이 울고, 싸우고, 풀고, 위로하고, 그 모든 것을 좁은 인간관계 속에서 다 해결했습니다.

지금은 사회가 분업화되었습니다. 사람들의 감정과 관련해 생긴 가장 큰 변화가 무엇인 줄 아십니까? **내가 감정을 느낀 곳에서 그 감정을 해결할 수 없게** 되었다는 것입니다. 회사는 일을 하는 곳이지 나의 내면을 상담하는 곳이 아닙니다. 마음이 아프면 직장 상사가 아니라 상담사를 따로 찾아가야 합니다. 회사에서 얻게 된 상처를 회사에서 풀 수는 없습니다. 나와 일하는 사람은 일만 함께 하는 직장 동료이고, 내가 위로받을 친한 친구는 따로 있습니다. 그러다 보니 내가 하루 종일 일하는 곳에서는 감정을 드러내기 어려워졌습니다. 슬픔도 참아야 하고, 우울함도 참아내야 합니다. 감정을 참지 못하는 것은 약함과 동일시 되는 사회가 되었습니다.

예수님이 우셨다

예수님이 죽은 나사로를 만나러 가셨습니다. 우리는 죽은 나사로를 살리신 '능력의 예수님'을 기억할 때가 많습니다. 그런데 나사로를 만나셨을 때 예수님의 감정적인 모습이 성경에 짧고 강력하게 기록되어 있습니다.

> 이르시되 그를 어디 두었느냐 이르되 주여 와서 보옵소서 하니 예수께서 눈물을 흘리시더라(요 11:34-35).
> ⋯ Jesus wept.(ESV)

요한복음 11장 35절은 성경에서 한 절의 내용이 가장 짧은 구절로 알려져 있습니다. '예수님이 우셨다'라는 기록입니다. 우리는 예수님의 이 모습을 통해 하나님의 속성을 알 수 있습니다. 하나님은 감정이 있으신 분이며, 인간도 하나님의 형상을 닮아 감정을 가진 존재가 되었다는 것입니다. 따라서 감정을 표현하고, 감정을 통해서 일하는 것은 결코 약한 것이라고 할 수 없습니다.

기독교가 다른 종교와 무엇이 다른지 모르겠다고 말하는 사람들이 있습니다. 성경을 읽어 봐야 차이점을 모르겠다고 말씀하시는 분들도 계십니다. 저는 그런 분들을 만날 때마다 '어쩔 줄 모르는 하나님'을 소개하고 싶은 마음이 듭니다. 세상의 그 어떤 경전에도 자신에게 반역하고 자신을 향해 죄를 저지르는 인간을 향해, 사랑을 포기하지 못해 어쩔 줄 모르는 신이 기록되어 있지는 않습니다.

> 에브라임이여 내가 어찌 너를 놓겠느냐 이스라엘이여 내가 어찌 너를 버리겠느냐 내가 어찌 너를 아드마 같이 놓겠느냐 어찌 너를 스보임 같이 두겠느냐 내 마음이 내 속에서 돌이키어 나의 긍휼이 온전히 불붙듯 하도다 내가 나의 맹렬한 진노를 나타내지 아니하며 내가 다시는 에브라임을 멸하지 아니하리니 이는 내가 하나님이요 사람이 아님이라 네 가운데 있는 거룩한 이니 진노함으로 네게 임하지 아니하리라(호 11:8-9).

하나님의 사랑이 이토록 뜨거운 것이라면, 하나님의 형상을 닮은 사람 안에도 그 뜨거운 감정이 요동치게 되는 것은 당연한 일일지도 모릅니다.

율법과 사랑

때로 우리는 사고형을 보며 '공감은 못해 주고 이성적인 판단만 하는 사람'으로 표현하기도 합니다. 사고형의 사람들이 냉정하게 결단하고 추진하는 모습은 멋있습니다. 그러나 한편으로는 상대방에게 냉정하게 반응하고 상처를 주는 경우도 종종 있습니다.

반면 기쁨과 슬픔 등의 감정을 더 중요하게 여기는 사람들을 '감정형'이라고 부릅니다. 이 사람들은 많은 사람의 기쁨에 함께 즐거워하고, 슬픔에 함께 공감해 줄 수 있는 사람들입니다. 이들의 따뜻함을 마주하면 나도 회복됨을 느낍니다. 그러나 이 감정에만 빠지다 보면 결국 이성적 판단력을 잃고 일을 그르치게 될 때도 있습니다.

왜 사람은 이렇게 차갑고 뜨겁게 나누어지는 것일까요? 이것은 단순한 성격의 문제가 아니라, 하나님의 성품으로부터, 하나님의 속성과 관련된 두 가지 문제가 혼재해 있기 때문입니다. 바로 율법과 사랑의 문제입니다.

하나님의 속성 중에는 '하나님의 의로우심'이 있습니다. 하나님은 의로우신 분이십니다. 불공평, 불공정, 불합리, 부조리한 부분이 조금도 없으신 완벽하게 정의로우신 분입니다. 동시에 하나님은 사랑이십니다. 모든 사랑의 근원이시자, 사랑 자체이십니다. 이 두 가지 속성을 '공유적 속성'이라고 부릅니다. 그 속성이 누구와 공유된다는 말일까요? 사람과 공유됩니다.

사람도 공평함을 추구합니다. 이 사회에도 모두 공정함에 대한 갈망이 있습니다. 동시에 사람들은 사랑을 추구하기도 합니다. 불쌍한 것을 지나치지 못합니다. 약자를 돕기를 원하고, 약자를 우선적으로 배려하는 사회가 되어야 마땅하다고 생각합니다.

사람의 이러한 생각은 하나님의 속성이 공유되었기 때문에 그렇게 된 것입니다. 다만 사람은 하나님이 아니며, 타락한 본성을 지니고 있기 때문에 그 속성이 온전한 비중과 완전한 균형으로 나타날 수는 없습니다. 그래서 모든 사람은 일정 부분 어떤 성격과 특정한 부분에 치우치고, 남용하고, 실패하며 다양한 색깔을 나타내게 되는 것입니다.

감정형인 사람에게 주신 하나님의 선물: 동일시(identification)

타인의 감정을 잘 느끼고, 감정의 움직임에 따라 삶의 방향이 많이 바뀌는 사람들에게 하나님이 주신 선물은 무엇일까요? 바로 타인의 상황을 내가 겪는 일로 받아들이며 아파해 줄 수 있는 **동일시의 마음**입니다.

예수님은 자신이 누리고 있는 성부 하나님과의 영광을 우리도 누리기를 원하셨던 분입니다. 그분의 동일시 능력이 성경에 이렇게 표현되어 있습니다.

> 내가 비옵는 것은 이 사람들만 위함이 아니요 또 그들의 말로 말미암아 나를 믿는 사람들도 위함이니 아버지여, 아버지께서 내 안에, 내가 아버지 안에 있는 것 같이 그들도 다 하나가 되어 우리 안에 있게 하사 세상으로 아버지께서 나를 보내신 것을 믿게 하옵소서(요 17:20-21).

예수님은 자신 안에 있는 것을 우리에게 주기를 원하셨습니다. 동시에 우리가 가진 고통을 대신 지기를 원하셨던 분입니다. 따라서 사람은 하나님이 주신 동일시 감정을 잘 활용할수록, 나와 다른 사람들을 품어 내고 섬길 수 있는 역량이 커지게 됩니다.

약자들을 품어 냈던 기독교

사람들은 기독교가 없어도 당연히 사람이 다른 사람을 불쌍히 여기고 섬겼을 것이라고 생각하고는 합니다. 하지만 역사의 기록을 보면 그렇지 않은 것 같습니다. 요즘 여러 매체에서 자기 자녀를 유기하거나 살해하는 일들이 심심치 않게 들려옵니다. 오늘날에도 안타까운 일들이지만, 이런 일들은 예전에도 많이 있었음을 알 수 있습니다. 레베카 맥클러플린은 『기독교가 직면한 12가지 질문』이라는 책에서 고대 사람들의 윤리관이 기독교인들과 많이 달랐음을 지적합니다.

> 모든 인간을 동등하게 귀하게 여겨야 한다는 생각은 고대 세계에서는 전혀 규범이 아니었다. 그리스 로마 사상에서 자유인 남자는 여자나 노예나 어린이보다 선천적으로 더 존엄했으며, 장애가 있는 유아는 유기하는 것이 일상이었다. 플라톤과 아리스토텔레스는 노골적인 우생학을 지지했으며, 아리스토텔레스는 "기형아가 생존하지 못하게 하는 법이 있어야 한다"고 선언했다. 이런 세상 속으로 1세기의 어느 유대 랍비가 걸어 들어와, 여성을 높이고 어린이를 귀하게 여기며 가난한 이들을 사랑하고 병든 이들을 안아 주었다. 초기 기독교는 인종과 민족의 경계를 넘어서고, 자유인과 노예라는 이분법까지도 넘어서는 형제애를 강조하여 새로운 도덕적 상상력을 불붙이는 불꽃이 되었다.[27]

하나님이 죄인에게 동일시하셨다는 가르침이 있기 전에는, 자기가 가치 없게 여기는 대상들에게 사람들은 쉽게 긍휼의 마음을 베풀지 않았습니다. 뿐만이 아닙니다. 펜실베니아대학교 소아과 백신학 교수인 폴 오핏은 의학사를 연구하며 기독교를 다시 바라보게 되었다고 말합니다. 처음 가진 전제는 성경이 의학 과학을 무너뜨렸다는 생각이었습니다. 그런데 연구해 보니 사실이 아니었음을 깨달았다며 이렇게 설명합니다.

> 아동 학대가 "로마 제국의 심한 악덕"이었다. 영아 살해는 흔한 일이었다. 유기가 흔히 일어났다. 히포크라테스는 예수보다 400년 전쯤에 살았는데, 의사들이 어느 정도로 환자들과 윤리적으로 소통해야 하는지에 대해 종종 썼다. 그러나 히포크라테스는 아이들을 한 번도 언급하지 않았다. 아이들은 재산이었으며 노예와 다를 바가 없었기 때문이다. 그러나 예수께서는 아이들 편을 들어 주시고 아이들에게 마음을 쓰셨는데, 그때 그분 주위 사람들은 보통은 그렇게 하지 않았다.[28]

사회의 가장 낮은 계급, 가장 비천한 신분에까지 동일시할 수 있는 유일한 마음은 하나님으로부터만 올 수 있습니다. 이 세상 그 어떤 신도 자신을 죄인과 동일시한 존재는 없기 때문입니다.

이처럼 동일시하는 감정은 많은 사람을 살리고 회복시킬 수 있습니다. 그렇다면 감정형의 강점인 동일시 능력을 활용해 하나님의 뜻을 내 삶에 실현할 수 있는 적용 원칙은 무엇일까요? 하나님이 우리의 삶의 문제를 해결해 가실 때, 우리가 상대와의 차이를 강조하는 것으로는 문제가 풀리지 않을 것입니다. 오히려, **상대와 같은 부분들을 인정할 때** 풀리게 될 것입니다.

> 아버지께서 나를 세상에 보내신 것 같이 나도 그들을 세상에 보내었고(요 17:18).

예수님은 약자와 자신을 동일시하셨습니다. '죄인'과 자신을 동일시하셨습니다. 그랬더니 우리의 죄의 문제가 해결되었습니다. 마찬가지입니다. 우리가 만나는 사람과의 차이점을 강조하지 않고, 무엇이 같은지를 고민하며 공감하고 의견을 좁혀나갈 때, 내가 성장할 뿐만 아니라 갈등이 풀리고, 문제가 해결되는 일을 경험할 수 있게 됩니다.

부모는 보통 아이를 바라볼 때 내가 챙겨주고 교육해야 할 대상으로 봅니다. 당연한 말입니다. 그러나 아이가 고집을 부릴 때에는 정말 쥐어박고 싶기도 하고, 아이에게 소리를 지르고 싶어질 때도 있습니다. 도저히 고집을 꺾지 않으면 사랑하는 아이가 미워지기까지 하는 이 경험을 어떻게 해석해야 하는지 혼란에 빠집니다.

나와 다르고 이해도 되지 않는 이 아이를 어떻게 보듬을 수 있을까요? 동일시입니다. 우리는 당연히 엄마가 성숙하고, 아이는 미숙하다고 생각합니다. 동일시는 그렇게 보지 않습니다. 아이가 성숙하고 엄마도 미숙할 수 있다고 봅니다. 엄마가 성숙한 만큼, 아이도 역설적으로 성숙함을 가르쳐 줄 수 있다는 말입니다. 같은 부분을 인정하면 풀립니다. 김종원 작가는 『66일 밥상머리 대화법』에서 아이와 엄마가 같을 수 있음을 이렇게 설명합니다.

> 빨리 잠들지 않는다고 혼나며 아무리 울다가 지쳐서 잠들어도
> 다음날 아침 아이는 누구보다 행복한 표정으로 일어나
> 당신을 가장 먼저 찾습니다.
> 밤새 혼났던 기억을 모두 잊고,
> 새로운 마음으로 하루를 시작하죠.
>
> 부모는 자신이 아이를 매일 용서한다고 생각하지만
> 사실 부모는 매일 아이의 용서를 받고 있습니다.
> 부모가 아이의 잘못을 용서한다는 것은
> 처음부터 앞뒤가 맞지 않는 말입니다.
> 감정을 제어하지 못하며 분노한
> 부모를 아이는 매일 용서하고 있습니다.
>
> 아무리 심하게 혼나고 돌아온 날이나
> 싫은 소리만 반복해서 들었던 날에도,
> 아이들은 그런 건 모두 다 잊고
> 늘 당신의 좋은 기억만 간직하고 있습니다.[29]

아이와 나는 겉으로 보기에 너무나 다른 모습이지만, 아이가 나를

가르치기도 한다는 생각에 엄마는 아이를 통해서도 배우게 됩니다. 동일시하면 아이를 향한 사랑이 커져갑니다.

하나님의 사람들은 예수 그리스도의 성육신을 힘입어 동일시하는 능력으로부터 세상을 섬길 자원을 얻게 됩니다.

사고형인 사람에게 주신 하나님의 선물: 일관성(consistency)

하나님은 자신의 감정에 따라 기준이 변하는 분이 아닙니다. 하나님은 사람에게 율법을 주시고, 이것이 하나님의 감정이나 상황에 따라 바뀌는 것이 아니며, 영원히 지켜야 할 계명임을 말씀하셨습니다.

> 진실로 너희에게 이르노니 천지가 없어지기 전에는 율법의 일점 일획도 결코 없어지지 아니하고 다 이루리라(마 5:18).

그러므로 하나님의 의로우심이 공유적인 속성으로서 사람에게 주어진 기질 중의 하나라면, 사람에게 바른 원칙과 계획을 세우고 꾸준하게 밀고 나가고 싶어 하는 마음이 있는 것도 당연합니다. 그 기질을 우리는 '일관성'이라고 부릅니다. 감정에 따라, 상황에 따라 요동하지 않고 꾸준하게 일을 처리해 나가는 것은 사고형의 사람들이 세상에 줄 수 있는 큰 선물이 됩니다.

계속할 수 있는지 점검하기

사고형인 사람들이 하나님이 주신 강점을 활용하여 자신의 삶을 풍요롭게 만들고 싶을 때, 적용할 수 있는 실천적인 메시지가 있습니다. **계속할 수 있는지 점검**해 보는 것입니다. 하나님이 내 인생의 어떤 분야에서 열매를 거두게 하신다면, 그 과정은 결코 단기적이지 않을 것입니다. 장기적인 계획 속에서 차근차근 내 인생을 성장시키실 텐데, 내가 지금 세운 계획이 매일, 매주, 수년 간 지속해서 추진해 나갈 수 있는 동력이 있는 계획인지 점검해 보아야 합니다. 이렇게 가면 꾸준히 버틸 수 있습니까? 내 원칙들이 꾸준히 실행해 나갈 수 있는 원칙들입니까?

우리나라는 회사를 그만두고 자영업을 하는 분들이 많이 있습니다. 보통 자영업을 시작하면 단기간에 빠른 수익을 낼 수 있는 방법들을 찾고는 합니다. '후라이드 참 잘하는 집'이라는 프랜차이즈를 만들어 크게 성공시킨 은현장이라는 사업가는, 자영업도 결코 짧게 보아서는 성공할 수 있는 영역이 아님을 이렇게 설명합니다.

보통 무언가를 시작할 때 5년에서 10년 정도 길게 잡고 시작한다. 다른 사람들은 장사를 시작할 때 한 달 있다가 잘 돼야 하고, 6개월 있다가 잘 돼야 한다고 접근하는 경우가 많다. 그렇게 접근하기 때문에 금방 지치고 실망하는 것이다.

지난 시간을 돌아봤을 때 무언가를 금방 얻은 적이 있었는가? 나는 한 번도 내가 원하는 것을 짧은 기간에 얻어본 적이 없다. 만약 장사를 시작하고 한 달이나 6개월 만에 엄청난 부자가 될 수 있다면, 세상에서 가난한 사람은 존재하지 않을 것이다.

(…) 내 목표가 현재에 있다면, 포기하고 싶은 순간에 포기하게 된다. 하지만 내 목표가 멀리 있다면, 지금 당장의 하루가 좋지 못하더라도 먼 훗날을 바라보며 달려갈 수 있다. 그러니 목표를 너무 짧게 잡지 마라. 5년 정도 버틸 자신이 없다면 아예 처음부터 시작하지 않는 것도 좋은 방법이다.[30]

자영업을 하는데 5년이나 바라봐야 한다니요? 마찬가지입니다. 하나님의 계획을 결코 단기간에 생기는 일로 판단해서는 안 됩니다. 순간적으로 기쁘고, 순간적으로 좌절한다고 해서 깨질 원칙이라면 함부로 그 길을 나서서는 안 됩니다. 그런데 사고형의 사람들이 바로 이 원칙과 일관성의 갈망이 있는 사람들입니다. 어디에서나 지속성을 확보하여 열매를 거둘 수 있는 방법을 찾는 사람들입니다. 사고형이 들어가면 모든 단발적, 단회적인 일들 대신, 장기적인 전략을 수립할 수 있게 됩니다.

2
포장해서 말하기 vs 반응해 주기

사실만 전달하면 안 된다

사고형에게 제일 중요한 것은 사실(fact)입니다. 어떤 아내가 운전을 하다가 사고를 내고 돌아와서 놀란 마음을 안고 남편에게 설명을 했다고 합니다. 어쩌다가 사고가 났는지 한참 설명을 들은 남편은 이렇게 대답했습니다. "근데 그건 당신이 잘못했네." 사고형의 사람들은 누가 잘못했는지 혹은 문제의 원인이 누구에게 있는지가 중요할 뿐 사람의 감정을 제대로 살피지 못하는 약점이 있습니다.

하나님이 이끌어 가시는 일은 사실만이 아닙니다. 하나님은 감정도 함께 다스리시는 분입니다. 내가 하나님의 다스림을 위임받은 주님의 제자라면, 바른 사실을 추구함과 동시에 나와 상대의 감정을 다스릴줄 아는 것도 주님이 주신 귀한 사명 중의 하나임을 명심해야 합니다.

사고형이 감정형에게 주는 선물 1: 포장지

사고형은 감정형에게 어떤 선물을 주면서 나와 다른 그들을 섬겨야 할까요? 선물만큼이나 포장지가 중요함을 기억해야 합니다. 우리가 선물을 받을 때 포장지는 뜯어서 쓰레기통에 버리기 마련입니다. 포장지보다 내용물이 훨씬 중요하기 때문입니다. 하지만 반대로 생각해 보면, 내용물과 그 가치가 중요하기에 포장지는 훨씬 더 그 내용을 빛나게 만듭니다. 마찬가지입니다. 내용을 효과적으로 전달하고 싶다면, 그것을 포장하는 표현의 방식도 유의해야 하는 것입니다.

예수님이 죽은 나사로를 살려 주러 가십니다. 그런데 일부러 이 상황을 다르게 표현하고 계십니다.

> 이 말씀을 하신 후에 또 이르시되 우리 친구 나사로가 잠들었도다 그러나 내가 깨우러 가노라(요 11:11).

제가 만약 예수님이라면 "자 이제 죽은 친구를 살려 보자"라고 할 것 같습니다. 그런데 예수님은 나사로가 '잠들었다'고 하십니다. 예수님은 생명을 살릴 능력이 있는 분이기 때문에, 잠들었다는 말이 도리어 '사실'이 되기 때문입니다. 비현실적으로 말하는 것이 아니라, 예수님의 부활의 능력을 믿기 때문에 언제나 사실에도 소망을 담아서 말할 수 있는 것입니다. 부활의 능력은 '죽은 나사로'가 '잠든 나사로'로 바뀌게 만듭니다.

사고형의 사람들이 감정을 고려하고, 표현의 방식을 고려해야 하는 이유가 여기에 있습니다. 사고형의 사람들은 사실만 말하면 되지, 괜히 말을 간접적으로 하고 감정을 고려하는 것이 불필요하다고 느낍니다. 그렇지 않습니다. 사실형의 사람은 단순히 사실만 전달하는 것이 아니라 그 안에 부활의 소망을 담아 낼 수 있어야 합니다. '당신은 불합격입니다'라고 말하는 것이 아니라 '이번에는 함께하지 못해 죄송합니다'라고 표현하는 것입니다. 사실을 넘어선 소망을 언제나 담아 내야 합니다.

사실 자체가 죄를 만든다

모든 사실에는 적절한 포장지가 필요합니다. 현재 상황을 있는 그대로 묘사한다는 명분으로, 이 세상의 악한 것과 부정적인 것을 있는 그대로 표현하는 경우가 있습니다. 사실은 그 자체로 사실일 뿐이지만, 그 사실을 가지고 죄를 만들어 내는 우리의 죄 된 본성을 인식한다면, 모든 사실에는 적절한 포장지가 필요함을 깨달을 수 있습니다. 성적인 범죄를 가감없이 드러내는 뉴스들에 대해서 김형익 목사님은 이렇게 분석합니다.

> 오늘날의 성교육도 비슷합니다. 성교육은 아이들의 성적인 죄를 범하지 않게 하는 효력을 가지지 않고, 도리어 성에 대한 호기심을 부추기거나 안전한 성관계라는 교묘한 죄악들을 만들어 내는 부작용을 낳습니다. 인간 안에 있는 죄가 성 지식을 지렛대로 이용해 탐심을 이루고, 결국 자기 목적을 이루어 내기 때문입니다. 뉴스 매체들의 선정적이고 불필요할 만큼 자세한 범죄 기사들도 마찬가지입니다. 이런 기사들은 죄인의 마음속에 범죄를 자극하고 모방하게 만듭니다.[31]

인간은 사실을 활용해 범죄할 수 있는 존재입니다. 그래서 소망을 위해, 죄를 막기 위해, 양쪽 사실에는 모두 적절한 포장지가 필요합니다. 오늘 어디를 가나 "팩트! 팩트!"를 외치는 분들이 있다면, 그것은 결코 하나님이 원하시는 모습이 아닙니다. 인간의 죄성과 부활의 능력을 제대로 이해하는 모습들도 아닙니다. 하나님이 경험하게 하시는 사실에는 언제나 인간의 죄악된 본성과 동시에 예수님의 부활의 능력 모두를 고려한 포장지가 필요합니다.

사고형이 감정형에게 주는 선물 2: 안정감

  사고형의 사람들은 감정적인 문제가 생겼을 때 공감해 주지 못한다며 구박을 받기 마련입니다. 그 말을 계속 듣다 보면, 마치 내가 사랑하는 사람에게 해 줄 수 있는 것이 없는 사람처럼 생각되는 경우가 있습니다. 그런데 세월이 지나가도 사고형이 꾸준히 줄 수 있는 선물이 있습니다. 바로 안정감입니다. 남편이 자신의 마음을 몰라준다고 욕하던 분이, 계속 욕하면서도 그 남편과 30년을 사는 것을 보았습니다. 남편을 그렇게 싫어하면서 왜 함께 사시는지 궁금했는데, 자세히 살펴보고 알았습니다. 힘들 때마다 흔들리는 아내의 감정을 남편이 언제나 한결같이 붙잡아 주고 있었던 것입니다. 순간순간 감정에 대응하는 능력들은 부족했지만, 한결같은 헌신, 한결같은 책임으로 가정을 돌보았던 그 남편이 가정을 붙들고 있었던 것입니다.

  열심히 자영업을 운영하시는 한 가게의 사장님이 일상의 안정적인 헌신과 관련하여 이렇게 기록을 남긴 적이 있습니다.

15년 전 이자까야를 할 때 퇴근은 AM 2:00였다.
늦은 시간 일을 마치고 현관문을 조용히 열고 들어간다.
아이와 애엄마가 쌔근쌔근 자고 있다.
강아지 고양이도 귀찮은지 힐끔 보고 이내 얼굴을 담요 속에 파 묻는다.
씻고 체온이 있는 이불로 들어가니 가족의 숨소리가 메트로놈처럼 규칙적으로 들려온다. 아빠를 위한 자장가였다.

내가 지키는 이 밤
내가 맡은 생명의 평온을 위해 오늘의 노고는 가치를 발한다.
(…) 하지만 오늘과 다르지 않은 내 생명의 평온한 내일을 생각하면 그 모든 힘든 것이 눈 녹듯 사라진다.
누가 위로의 말을 건네지도 응원을 하지도 않지만 스스로 느끼는 뿌듯함과 만족이다.

(…) 일상을 지키는 남자의 희생처럼 아름다운 것은 없다.
남자의 가치가 무엇인지 당신의 아들들에게 그리고 세상에 알려주라.
'사랑하는 이의 일상을 지키는 조용한 노고의 가치'가 무엇인지.[32]

이 분은 건강한 남성성이 무엇인지 고민하면서 쓴 글이기에 남성만을 두고 이야기했지만, 저는 이것이 성별로 나눌 수 없는 문제라고 생각합니다. 어떠한 고난 중에도, 어떠한 감정의 흔들림 중에도 끊임없이 싸우고 구르고 상처받으며 나의 길을 계속 걷는 안정감은 나의 자녀와, 사회, 가족, 나라를 위한 귀한 선물이 됩니다.

주변에 감정의 요동함으로 흔들리는 내 사랑하는 사람들이 있다면, 왜 너는 감정을 통제하지 못하냐고 정죄하지 마세요. 대신 흔들리지 않는 내 모습을 계속해서 보여주세요. 감정에 휩쓸리지 말라고 요구하며 교육하는 대신, 흔들리는 상대의 모습에도 흔들리지 않는 내 자신을 선물해 보세요. 여러분의 안정감이 불안정한 상대의 감정을 치유하게 될 것입니다.

감정형이 사고형에게 주는 선물 1: 반응

한편 감정형의 사람들은 자칫 잘못하면 내면 통제 능력이 결여된 사람처럼 비칠 수 있습니다. 수많은 업무에 쌓여 사는 현대 사회에서는 감정을 표출해 봐야 유익이 없는 경우가 많습니다. 그래서 요즘 많은 감정형의 사람들이 너무 쉽게 감정적으로 동요되는 자신의 성격에 좌절하곤 합니다.

그러나 혹시 자신이 너무 감정적으로 동요되어 스스로가 마음에 들지 않거나, 감정을 죽이는 데에만 골몰하고 있다면, 내 기질 자체를 선물로 다시 바라볼 줄 알아야 합니다. 내 감정은 분명 상대에게 큰 힘이 될 수 있습니다. 감정은 반응을 위해서 사용될 때 그 자체로 선물이 될 수 있습니다. 대부분 감정형의 사람들은 '내 삶에 대해서' 지금 느끼는 감정들을 활달하게 표현합니다. 거기서 방향을 바꾸어 보세요. '그 사람의 상황에 대해서' 느끼는 감정들을 적극적으로 드러내 보세요. 그것이 반응입니다.

아내와 남편 모두가 사고형인 커플을 만난 적이 있습니다. 무뚝뚝

한 남편이었는데, 하루는 회사에서 힘든 일을 겪고 돌아왔습니다. 오늘 이런 일이 있었다며 아내에게 하소연을 하기 시작했는데 아마 아내의 공감을 바랐겠지요? 하지만 아내도 남편과 같은 사고형이었기에 다 듣고 나서 이렇게 말했다고 합니다. "그런데 지금 당신이 하는 생각이 너무 교만한 생각 아닐까?" 아내의 말을 들은 남편은 뭐라고 대답했을까요? "내가 너한테 듣고 싶은 말은 그런 게 아니었어!"라고 소리쳤답니다.

저는 이 이야기를 듣고 제 아내를 다시 생각하게 되었습니다. 제 아내는 감정형입니다. 훨씬 더 많이 기뻐하고, 슬퍼하고, 감정을 드러내는 스타일입니다. 저는 사고형이기에, 모든 상황들을 저보다 더 감정적으로 대하는 것에 별로 공감이 가지 않았습니다. 그런데 아내와 남편 모두가 사고형인 커플의 이야기를 듣고 나니, 지금까지 제 아내가 제가 힘든 상황일 때 저에게 감정적으로 반응해 주며 위로해 준 것을 깨달았습니다. 모두가 그렇게 반응할 수 있는 것이 아닙니다. 상대의 억울함이 온전히 해소되고, 상대의 기쁨이 더욱 충만해지며, 상대의 자신감이 온전히 발현될 수 있으려면 감정형의 반응을 만나야 합니다.

실제로 자신의 감정을 잘 다룰 줄 모르는 사람들은, 자신 안에 있는 감정으로 삶을 어떻게 건강하게 가꿔야 하는지 방법을 모릅니다.

사고형인 사람들 중에는 화가 나고 억울한 자신의 감정을 제대로 표출할 줄 몰라 끙끙 앓다가, 세상을 등지거나 크게 병이 드는 경우도 있습니다. 기쁜 일이고 감사할 일임에도 불구하고 기쁨을 제대로 누리는 법을 몰라서 인생에 우울이 지속되는 사람들도 있습니다. 감정형의 사람들이 그들의 감정에 개입하여 그들이 앞으로 나아갈 수 있도록 상대의 감정에 참여하고 반응해 줄 때, 그들의 삶을 회복시킬 수 있습니다.

감정형이 사고형에게 주는 선물 2: 기름

두 번째로 감정형의 사람들이 사고형에게 줄 수 있는 선물은 기름입니다. 감정형의 사람들은 **중요한 것을 더 중요하게 만들 수 있는 사람**입니다. 가능성을 더 큰 가능성으로 폭발시킬 수 있는 사람들입니다. 그러려면 불씨에 기름을 부어야 합니다. 중요한 것에 기름을 붓는 역할이 바로 감정형이 해야 할 일입니다.

예수님이 나사로를 살리러 가십니다. 이 사건은 예수님의 부활의 능력을 나사로의 가족들과 만인에게 보여주시는 중요한 장면입니다. 그런데 예수님은 나사로가 다시 살아나는 '팩트'에만 주목하지 않으셨습니다. 예수님이 나사로를 부르신 목소리의 '음량'에 주목하면서 이 구절을 읽어 보도록 하겠습니다.

> 이 말씀을 하시고 큰 소리로 나사로야 나오라 부르시니 죽은 자가 수족을 베로 동인 채로 나오는데 그 얼굴은 수건에 싸였더라 예수께서 이르시되 풀어 놓아 다니게 하라 하시니라(요 11:43-44).

예수님이 만약 살린다는 사실만 중요하게 여기시는 분이라면 어땠을까요? 조용히 나사로 귀에 대고 다른 이들이 모르게 속삭이셨을 수도 있을 것입니다. "일어날래? 이제 일어날 시간이야." 예수님은 조용한 목소리로도 충분히 사람을 살리실 수 있는 분이시기 때문에 상상 가능한 일입니다. 그런데 예수님은 일부러 크게 말씀하셨습니다. 이 슬픈 사건의 중요성을 크게 만들어 나사로 가족들에게 절망의 감정을 일으키고, 이 사건을 보고 있는 사람들에게도 예수님의 권세가 죽음을 이길 수 있음을 대조적으로 강조하시기 위함이었습니다. 예수님은 그 때 감정을 사용하는 것을 주저하지 않으셨습니다. 사건에 적절하게 감정을 통해 기름을 부어 주니, 나사로 부활 사건의 중요성과 감격이 사람들에게 훨씬 더 크게 전달된 것입니다.

자극이 있어야 건강해진다

청소년들이 방황하는 데에는 여러 가지 이유가 있을 것입니다. 그런데 예상과 다르게 '자극이 없는' 청소년들이 방황을 많이 한다고 합니다. 자녀가 하는 특정한 행동에 대해 부모가 "잘했다!", "바로 그거야!", "그 행동 정말 훌륭했어!"라는 긍정적인 반응을 해 주거나, 혹은 "그건 정말 해서는 안 될 일이야!", "그 행동을 해서 엄마는 마음이 너무 아파"라는 부정적 반응을 확실하게 해 줘야 한다는 것입니다.

요즘 부모님들은 청소년들이 사회의 압박과 요구에서 벗어나 자유롭고 사랑받는 삶을 살기를 바라시는 분들이 많습니다. 부모의 의도는 좋지만 그 의도에 부작용이 나타나고 있습니다. "엄마 아빠는 네가 무엇을 하든 스스로 원하는 것을 찾아 갔으면 좋겠어"라는 마음에, 자신의 자녀가 본인의 행동이 바람직한 것인지, 피해야 할 것인지 확실한 자극을 통해 판단할 수 있는 기회를 잃어버리게 하고 있는 것입니다. 『인정받고 싶은 마음』이라는 책에서 오타 하지메는 방황하는 현대 청소년들의 내면을 이렇게 분석합니다.

> 성장 과정에 있는 청소년에게 자신을 모른 채 살아가는 것만큼 불안한 일은 없다. 자신의 존재감을 느끼기 위해 때로는 비행을 선택하는 것이다. (…) 혼을 내든 미간을 찌푸리든 주위가 반응하지 않으면 자기 자신을 알 도리가 없다는 것이다.[33]

부모가 너무 대단하면 아이는 자주 부모와 비교당하므로 어지간히 노력해도 주목받지 못하고 칭찬도 받지 못한다. 세상으로부터 인정받지 못하는 건 그래도 괜찮다. 가장 견디기 힘든 것은 가정에서 존재감이 낮다는 점이다. "아버지가 많이 벌 테니까 너는 돈 걱정하지 말아라"라고 말하는 부모도 있다. 자식을 위해서 하는 소리지만 위대한 부모를 둔 아이에게는 여러모로 인정받을 기회가 부족한 것이다.[34]

방황하는 청소년들에게 무엇이 없었습니까? 반응하고 판단할 수 있는 일상의 자극이 없었습니다. 그러니까 스스로 방황하고 일탈하면서 주변의 자극을 원하게 되는 것입니다. 감정형의 기름은 청소년기 성장에 너무나 중요한 요소입니다.

그러므로 이렇게 정리할 수 있습니다. 감정형의 사람들은 특정한 감정에 기름을 부으면서 사람들에게 '고저(高低)'가 있는 삶을 선물해 주어야 합니다. 높낮이가 있어야 한다는 말입니다. 기쁨을 경험하는 사람이 있다면 기쁨에 기름을 부어 그 기쁨을 높은 산꼭대기에 올려 줄 줄 알아야 합니다. 깊은 골짜기 속의 슬픔을 경험하는 사람이라면, 함께 위로하며 그 슬픔이 인생의 깊이를 만들어 낼 수 있도록 공감해 주어야 합니다.

나쁜 일을 당한 친구가 있습니까? 당한 일이 충분히 불행했음을 내 큰 목소리와 반응으로 공감해 주십시오. 탁월하게 멋진 일을 한 자녀가 있습니까? 큰 소리로 칭찬하고 훌륭한 일에 기름을 부어 주세요. 감정형이 주는 기름부음은 언제나 상대를 활력으로 타오르게 만들 것입니다.

3
사고형(T)의 거듭남
사랑하지만 너무 차가운 사람

원칙이 나를 죽인다

  사고형의 사람들은 감정에 휘둘리지 않고 원칙과 사실을 중요시한다고 했습니다. 차갑게 느껴질 때가 있더라도, 하나님과의 관계에 있어서는 이들이 훨씬 더 유리한 사람들이지 않을까요? 하나님이 명령하신 것을 철저히 지키고, 주님 앞에 결단한 리스트들을 끊임없이 순종해 나가는 사람들이라면, 감정에 휘둘리는 사람들보다는 훨씬 더 주님이 기뻐하시리라는 생각이 듭니다.

  그러나 사고형의 사람들은 기질적으로 복음을 경험하지 못하는 자기 의에 빠질 위험이 있습니다. 그 위험이 바로 '율법주의'입니다.

복음은 율법주의와 다르다

율법주의가 무엇인지는 "하나님이 나에게 은혜를 부어 주시는 이유가 무엇인가?"라는 질문으로 설명할 수 있습니다. 복음은 하나님이 나에게 은혜를 부어 주시는 이유를 나에게서 찾지 않습니다. 내가 잘나서가 아닙니다. 내가 헌금을 하거나, 주일성수를 잘했거나, 부모님이 기도를 많이 하셨기 때문에 은혜를 입은 것이 아닙니다. 은혜를 주시는 이유는 내가 아닌 하나님께 있습니다. 하나님께서 죄인인 나를 이유 없이 사랑하심으로, 나는 그분의 은혜를 입었습니다. 그러므로 나는 주님이 기뻐하시는 일을 행합니다. 주님의 은혜에 감사하여 헌금하고, 주일성수도 하고, 순종합니다. 이것이 복음의 순서입니다.

율법주의는 위의 물음에 다르게 대답합니다. 언뜻 보면 복음을 믿는 사람과 행동은 비슷해 보입니다. 똑같이 주님이 기뻐하시는 일을 합니다. 그런데 은혜를 부어 주시는 이유가 내 행동에 있다고 생각합니다. 내가 순종했기 때문에 하나님이 복을 주신다고 믿습니다. 내가 순종하지 않으면, 하나님의 은혜가 떠난다고 믿습니다. 그래서 철저하게 순종하는 이유는, 철저하게 은혜를 받기 위함입니다. 그럴듯해 보이지만 복음의 최대 대적자가 바로 율법주의입니다. 왜 그렇습니까? 행동은 똑같지만, 근거가 완전히 다르기 때문입니다. 복음은 예수님이 나를 위해서 죽으신 십자가의 공로에 그 근거를 둡니다. 은혜의 근거가 하나님께 있다는 말입니다. 그러나 율법주의는 은혜의 근거가 내 행동에 있습니다. 그래서 십자가의 원수가 되는 것입니다.

율법주의는 내 하나님을 '빚쟁이'로 만듭니다. 내가 일을 잘해 놨으니, 하나님은 그것에 합당한 복으로 반응하셔야 합니다. 내가 채권자입니다. 하나님은 채무자입니다. 사고형의 사람들은 어떻게 하면 가정과 조직과 내 삶이 운영될 수 있을지 원칙과 시스템에 민감한 사람들입니다. 그러므로 신앙도 율법(리스트)을 중요하게 여기며 그것을 지키면 다 되는 것처럼 착각할 수 있습니다. 그래서 사고형의 사람들이 훨씬 더 율법주의에 빠지기 쉽습니다.

율법주의자의 모든 행동의 기반은 '두려움'입니다. 내가 리스트대로 바르게 행동할 때 복을 주신다는 말을 뒤집어 보세요. 순종하지 않으면 처벌이 온다는 말입니다. 제대로 살지 않으면 망한다는 말입니다. 율법주의자들의 순종의 동기는 언제나 두려움임을 팀 켈러 목사님은 이렇게 표현합니다. 율법주의자들이 죄를 피하는 이유는 다음과 같습니다.

그러면 사람들이 좋지 않게 볼 것이기 때문이다.
그러면 내가 속하고 싶은 그룹에서 배제될 것이기 때문이다.
그러면 하나님이 나에게 건강과 부요, 행복을 안 주실 테니까.
그러면 하나님이 나를 지옥에 보내실 거니까.

그러면 나중에 나 자신이 미워지고 자신감이 상할 것이기 때문이다.[35]

이것이 바로 율법주의자들이 죄를 피하는 이유입니다. 문제가 무엇입니까? 행동을 잘할 때는 자신만만합니다. 남들보다 우월하다고 느낍니다. 교만해집니다. 나는 축복을 받을 자격이 있다는 권리의식에 빠집니다. 그러나 문제는 충분하게 순종하지 못했을 때 생깁니다. 불순종 했을 때는 두려움에 빠질 수밖에 없기 때문입니다. 사실형의 사람들에게는 원칙대로 되지 않았을 때 소망이 없습니다. 나는 그 기준을 지키지 못했습니다. 너도 그 기준을 어겼습니다. 그럴 때 갑자기 비관적으로 돌변합니다. 우리 가정은 망했다, 우리 회사는 망했다, 나는 가능성이 없다고 쉽게 단죄합니다. 나와 내 주변이 잘 될 수 있다는 근거를 모두 자기 자신에게서 찾고 있었기 때문입니다.

원칙대로 되지 않았을 때의 소망

복음은 내가 원칙대로 살아내지 못했을 때에 비로소 빛을 발합니다. 그때 비로소 소망을 줍니다. 하나님이 은혜를 주시는 은혜의 근거가 내게 있지 않기 때문입니다. 사실형의 사람들은 율법주의에서 벗어나 복음을 만나야 합니다. 은혜가 임하는 근거가 바뀌어야 합니다.

하나님의 전적인 은혜로 내가 구원을 받은 것이고, 나의 행위가 그분이 나를 구원하시는 데에 조금도 호의를 불러일으킬 수 없다는 것을 깨달을 때에 수반되는 삶의 변화가 있습니다. 원칙대로 되지 않았을 때도 긍정적인 태도를 가질 수 있다는 것입니다. 율법주의자들이 하나님의 뜻을 지키지 못하면 남는 것은 저주였습니다. 그런데 예수님이 그 저주를 가져가셨습니다. 그래서 죄를 지은 곳에도 은혜가 임합니다.

사고형의 사람들에게 적용해 볼까요? 내 생각과 논리대로, 원칙대로 되지 않으면 내 삶은 망하는 줄 알았습니다. 그런데 그 차질이 생긴 계획을 예수님이 십자가로 가져가셨습니다. 그러면 소망이 있습니다. 원칙대로 되지 않은 곳에도 은혜가 임합니다.

사랑의 수단으로 원칙을 사용하기

하나님이 사람에게 다양한 기질을 주신다고 했습니다. 사고형도 마찬가지입니다. 사실형이 거듭났다고 해서 모든 일에 감정적으로 반응하며, 감정을 키우기 위해 노력하는 것, 즉 반대로 나아가는 것이 거듭나는 일이 아님을 말씀드렸습니다. 사고형의 사람들이 율법주의가 아닌 복음으로 마음이 새롭게 거듭날 때, 사고형의 삶은 어떻게 변화될까요?

먼저, 내 삶에서 **원칙을 사용하는 이유**가 바뀌게 됩니다. 지금까지 내가 원칙을 사용하는 모든 이유는 바로 나의 유익과 나의 우월함이었습니다. 그러다 보니 원칙을 지키지 않는 주변 사람들을 정죄하게 되고, 배제하기 바빴습니다. 그러나 이제 거듭난 사고형들은 달라집니다. 사랑의 수단으로 원칙을 사용하게 됩니다. 이것이 율법주의를 벗어나 복음에 마음이 젖은 사람들의 삶에서 나타나는 분위기입니다. 즉, 내가 원칙을 지키면서 살아가는 그것이 주변 사람들에게도 기쁨과 소망, 즐거움이 된다는 말입니다.

율법주의 엄마 vs 복음주의 엄마

두 엄마가 기도를 합니다. 두 엄마 모두 철저히 기도하는 것이 하나님 앞에서 마땅한 일이라고 생각하는 훌륭한 신앙을 가진 엄마였습니다. 두 엄마 밑에 모두 기도하지 않는 아들들이 있었습니다. 율법주의 엄마가 새벽기도에 나가 두 시간이나 기도한 후 집에 돌아왔습니다. 해가 뜬 지 오래인데 아직도 자고 있는 아들에게 이야기합니다. "엄마는 늘 기도하는데, 너는 도대체 뭐하고 있는 거니? 하나님께 쓰임 받고 싶다며! 기도도 안 하는데 하나님께서 너를 어떻게 보시겠니? 엄마 좀 닮아라!"

복음주의 엄마도 새벽기도 후 집에 돌아왔습니다. 그 아들도 똑같이 자고 있었습니다. 자녀에게 이야기합니다. "일찍 일어나기 힘들지? 엄마가 오늘도 아들 위해 기도하고 왔지! 여전히 기도로 응원하고 있으니 오늘도 최선을 다해 보자!"

어떤 차이가 있는지 느껴지십니까? 두 엄마는 기도에 있어서 사고형의 사람들이었습니다. '하나님 앞에서 치열하게 기도해야 한다'는 사실을 삶의 원칙으로 둔 사람들이었습니다. 그러나 한 사람은 자신이 가진 원칙을 상대를 정죄하는 데에 사용했습니다. 반면 복음주의 엄마는 자신의 원칙을 상대를 세우고, 상대를 사랑하는 데에 사용한 것입니다.

오늘 삶에서 내가 지키는 원칙들을 돌아보십시오. 내가 원칙대로 생활하는 것이, 주변에 복이 되고, 주변이 기뻐하고 있습니까? 내가 원칙대로 행동할수록 나의 직장 동료가 나에게 고마워합니까? 아니면 불편해하며 피합니까? 내가 원칙대로 실행할수록 그들도 도전을 받습니까? 아니면 그들이 주눅이 듭니까?

두려움이 없는 사람

또 한 가지 거듭난 사실형의 사람들의 적용적인 특징은, **원칙이 지켜지지 않을 때 두려워하지 않는다**는 것입니다. 원칙을 지켰기 때문에 하나님이 은혜를 주신 것이 아닙니다. 하나님이 은혜를 주셔서, 원칙을 지키게 된 것입니다. 그렇다면 한 가지 질문이 더 생깁니다. 은혜를 주셔서 원칙을 지키게 되었다면, 원칙을 지키지 못했을 때에는 어떻습니까? 이 대답이 중요합니다. 명심하십시오. 원칙을 지키지 못했을 때에도, 여전히 하나님은 은혜를 주십니다. 거듭난 사고형의 사람들은 바로 이것을 믿습니다. 거듭난 사고형은 원칙대로 되지 않는 내 삶과 상황들을 마주할 때에도 결코 두려워하지 않습니다.

이 상황 속에서도 여전히 은혜 베푸실 하나님을 기대하기 때문입니다. 에드워드 피셔는 복음과 율법의 차이를 두 사람의 대화로 가정하며 이렇게 설명합니다.

> 우리가 일상에서 사용하는 의미로 보상이란 하나님에게서 나오거나 하나님이 주신 어떤 것을 말합니다. (…) 하지만 성경이 말하는 보상이란 하나님에게서 나오거나 하나님이 주신 어떤 것이 아니라 하나님 안에 있는 것이며 그리스도 안에서 하나님을 충만히 누리는 것을 말합니다. (…) 그런데 율법 씨는 하나님이 "이것도 하고 저것도 해라. 그러면 내가 널 사랑하겠다"라고 말씀하신다고 이해하고 있어요. 하지만 아버지가 아들을 먼저 사랑하듯이, 하나님도 자기 자식들을 먼저 사랑하십니다.
> 그러니 신자는 (…) "내가 하나님께 무엇을 드릴까?"를 고민하지 "하나님이 내게 무엇을 주실까?"를 따지지 않아요. 대신 "내게 주신 모든 은혜를 내가 여호와께 무엇으로 보답할까"(시 116:12)라고 말합니다.
> 이율법: 그러면 거룩한 삶이나 선행은 영원한 행복의 원인이 아니라 행복에 이르는 길일 뿐이네요.[36]

예수님이 이미 나의 영원한 보상이 되셨습니다. 내가 원칙대로 행한 이유는, 원칙대로 순종하신 예수 그리스도의 선행하신 사랑을 믿고 그분을 사랑하기 때문입니다. 내 원칙이 그분의 호의를 불러올 수 있다고 생각하는 것이 아닙니다. 율법주의를 벗어나서 복음 안에 깊이 젖은 사고형의 사람이 되시기를 바랍니다. 원칙을 지키면서도, 은혜를 놓치지 않는 길을 걷게 될 것입니다.

4
감정형(F)의 거듭남
좋은 감정은 좋은 방법을 찾는다

원칙이 중요하지 않은 사람들

"하나님은 나를 사랑하십니다." 이 한 문장으로 모든 감정형 사람들의 확신을 정리할 수 있습니다. 그분이 나를 사랑하신다는 것 때문에 내 인생의 모든 죄악은 사라졌습니다. 율법에 얽매일 필요도 없고 정죄감, 죄책감에 빠지지 않아도 됩니다. 그렇기에 나는 예배 때마다 감격 속에 주님을 만날 수 있습니다.

위의 내용만 읽어 보면 복음을 설명함에 있어서 별다른 오류를 발견하지 못할 수 있습니다. 그런데 이 문장들을 통해 감정형의 사람들이 교묘하게 빠져나가고 있는 것이 있습니다. 바로 '율법'입니다. 하나님은 나를 사랑하시고, 나는 이미 나의 죄인됨과 부족함을 알고 인정하기 때문에, 굳이 하나님의 뜻대로 살려고 노력하기보다 주님의 은혜와 사랑을 깊이 느끼는 것이 훨씬 더 중요하다는 생각입니다.

이 사람들에게는 하나님의 뜻, 율법, 순종과 같은 단어들이 자신에게 별로 도움이 되지 않고 억지로 해야 하는 것들이라는 생각이 전제되어 있습니다. 그러나 하나님은 나의 유익을 위해서 율법을 주셨습니다. 왜 안식일을 기억하여 거룩히 지켜야 합니까? 그것이 내게 주신 행복의 길이기 때문입니다. 왜 살인하고 간음하면 안 됩니까? 그것이 내 행복을 위한 길이기 때문입니다. 그런데 이들은 '하나님은 좋지만, 하나님이 말하는 것은 싫은' 이중적인 태도를 보이기 시작합니다.

결국은 다시 두려움

보통 하나님이 자신을 사랑하신다는 것을 명분으로, 모든 하나님의 뜻과 율법을 무시하는 신학 사조를 '반율법주의'라고 부릅니다. 율법은 필요 없다는 뜻입니다. 하지만 하나님의 사랑을 강조하며 율법을 무시하는 것도 결국은 율법주의에 빠져 있는 것입니다. 율법주의가 무엇이었나요? 순종하면 복을 받고, 불순종하면 처벌을 받는다는 두려움 때문에 내 행동을 조건으로 하나님의 은혜를 탐하는 행위였습니다. 처벌이 없어졌다는 이유만으로 하나님의 뜻을 행하지 않는다면, 그것은 진정 하나님을 사랑하는 일이 아닌 것입니다. 이 말을 토머스 보스턴은 이렇게 잘 설명했습니다.

율법주의의 영에 사로잡혀 있는 사람은 벌 받기는 두렵고 상은 받고 싶으니 순종을 하다가 (믿음으로 말미암은 칭의를 핑계로) 이 두려움과 기대가 사라지면 순종할 동기와 힘을 모두 잃고 아무 순종도 하려 하지 않는다. 이런 반율법주의자의 태도야말로 끔찍한 율법주의에 사로잡혀 있다는 확실한 증거다.[37]

그대로 있을 수 없다

어떤 존재를 신뢰하게 되면, 그가 행동하고 말하는 모든 것을 따라 하고 싶어집니다. 공무원에 합격한 친구가, 합격 비법을 전하는 어떤 명강사의 교재를 저에게 소개해 준 적이 있습니다. 그 사람은 특정한 과목의 강사였을뿐만 아니라, 합격의 마인드와 실제적인 생활 지침까지 알려주는 강사로 유명했습니다. 그런데 그 책에 어느 정도까지 써 있었는가 하면, 공무원 합격을 위해서는 어떤 색깔의 속옷을 입어야 하는지까지 적혀 있었습니다!

저는 그 책이 완전히 사기인 줄 알았습니다. 그런데 들어 보니 어마어마한 판매 부수를 자랑하는 책이었습니다. 돈을 버는 수단으로 책을 파는 강사도 아니었으며, 실제로 그 책을 보며 합격한 사람이 수두룩했습니다. 제게 그 책을 소개한, 시험에 합격한 청년도 그 사람의 말을 거의 그대로 따라했다고 합니다. 그 청년은 새롭게 공무원 시험에 도전하는 후배 청년에게 그 책을 소개했습니다. 그러고서는 똑같이 이렇게 말했습니다. "여기 있는 말들이 우스워 보일 수도 있는데, 다 이유가 있는 거니까 한번 따라해 봐!" 이렇게 권유하는 그 청년의 말에는 확신이 가득했습니다.

  그 존재를 좋아하고, 사랑하며, 닮고 싶은데, 그가 말하는 것과 제안하는 것을 외면할 수 있습니까? 사랑하지만, 나의 행동은 전혀 변하지 않고 그대로 있을 수 있습니까? 결코 그럴 수 없습니다! 사람은 닮고 싶고, 유익을 얻고 싶은 대상의 말 한마디, 동작 하나라도 따라 하며 도움을 얻기를 원하는 것입니다. 새로운 삶이 당연함을, 『온전한 그리스도』에서는 반대의 예와 함께 이렇게 설명합니다.

> '나는 이렇게 생겨먹었다. 하지만 (나를 받아 주지 않는 너희와 달리) 하나님은 은혜로우시기 때문에 나를 이 모습 그대로 받아 주신다. 따라서 나는 계속 이 상태로 남아 있겠다.'
>
> (…) 물론 나를 향한 하나님의 사랑은 내가 갖춘 자격이나 내가 얼마나 준비되었는지와 상관 없다. 하지만 하나님이 우리를 현재의 모습대로 받아 주신다고 말하는 것은 적절하지 않다. 하나님은 우리의 현재 모습에도 '불구하고' 우리를 받아 주시는 것이다. (…) 그리고 하나님은 우리를 처음 발견한 상태로 내버려두지 않으시고, 자신의 아들을 닮아가도록 우리를 바꾸신다. 이런 변화와 새로운 삶이 없다면 애초에 우리가 그분의 것인지 확신할 수 없다.[38]

방법의 순종

그렇다면 감정형의 사람들은 자신의 감정이 어떻게 거듭나야 할까요? 이들은 **감정의 주체가 바뀌는 연습**을 해야 합니다. 지금까지는 감정의 주체가 나였습니다. 내가 지금 기분이 나쁩니다. 내가 지금 눈물이 납니다. 내가 지금 감동했습니다. 그렇게 감정이 극대화되는 순간에 결정하고 행동했습니다. 내 감정이 원하는 방향으로 결정했습니다. 이런 감정형의 사람들의 거듭남은 감정을 줄이는 것이 아닙니다. 감정의 주체가 바뀌는 것입니다. 바로 하나님의 감정을 고려하는 것입니다. 하나님의 기쁨이 가장 커지는 순간, 하나님이 가장 웃으실 것 같은 순간을 나의 최고의 순간으로 삼는 것입니다.

자녀를 키우거나, 부모를 진심으로 사랑해 보면 그 마음이 무엇인 줄 압니다. 내 아들이 좋다면 내가 좋은 것입니다. 우리 부모님이 만족하시면 그것으로 내 마음도 족한 것입니다. 우리는 그렇게도 감정적이면서, 이 간단한 진리를 신앙에는 적용하지 못할 때가 많습니다.

내 감정이 움직이지 않는다는 이유로, 하나님이 기뻐하실 일을 마다해서는 안 됩니다. 내 감정이 원한다는 이유로, 하나님이 슬퍼하실 일을 해서는 안 됩니다. 어떤 행동을 할 때마다 지금 내 행동에 하나님이 어떤 감정을 느끼실지를 상상해야 합니다. 그래서 그분이 지금 내 판단과 행동을 기뻐하실 것이라는 상상이 들 때, 그것이 나의 삶을 움직여가야 합니다.

> 너의 하나님 여호와가 너의 가운데에 계시니 그는 구원을 베푸실 전능자이시라 그가 너로 말미암아 기쁨을 이기지 못하시며 너를 잠잠히 사랑하시며 너로 말미암아 즐거이 부르며 기뻐하시리라 하리라 (습 3:17).

하나님은 분명 감정이 넘치는 분이십니다. 우리가 주님이 원하시는 일을 할 때 기쁨을 도저히 이기지 못해서 숨기지 못하시는 분이십니다. 누군가의 기쁨이 곧 내 기쁨과 동의어가 되는 이 세계로 오세요. 이 세상의 그 누구도 사랑할 수 없고, 이 세상의 그 누구도 내 마음에 들지 않고, 이 세상의 그 누구도 나를 사랑해 주지 않아서 내 감정이 어둠과 우울로 물들어 있을 때, 기쁨의 근원 되신 주님을 만나보시기를 바랍니다.

> 내가 이것을 너희에게 이름은 내 기쁨이 너희 안에 있어 너희 기쁨을 충만하게 하려 함이라(요 15:11).

예수님은 어떤 분이십니까? 이 말씀에 따르면 예수님은 우리에게 영원한 감정 하나를 주시기 위해 오신 분입니다. 바로 기쁨입니다. 예수님은 나를 위해 죽기를 기뻐하신 분이십니다. 나를 위해 자신을 버리시기를 기뻐하셨던 분이십니다. 자신이 고통당하심으로 우리가 영생을 얻게 되는 것이, 곧 자신의 기쁨이셨던 분입니다.

그분은 우리에게 우리 감정은 무시하고 하나님의 감정에 먼저 신경 써 보라고 요구하시는 분이 아닙니다. 우리에게 요구하시기 전에, 먼저 우리를 위해 그렇게 사셨던 분이셨습니다. 주님은 나의 기쁨을 위해 슬픔의 감정에 처하기를 마다하지 않으셨던 분이십니다. 예수님은 내 슬픔을 다 끌어안고 싶으셨던 분이십니다. 내 무거운 감정을 대신 느끼심으로, 내가 가벼워질 수 있다면 그 자체가 기쁨이셨던 분이십니다.

세상의 그 어떤 존재도 내 인생의 모든 어두운 감정들을 다 소화해 낼 수 없습니다. 이 세상 사람들은 내 감정을 받아내려다가 지치고, 포기하며, 나에게 그만 좀 우울해하라고 윽박지릅니다. 그러나 예수님은 그러지 않으셨습니다. 슬프다고, 힘들다고, 외롭고, 우울하다고 투정하는 내 인생에 그만하라고 말씀하지 않으시고, 끝까지 십자가로 가져가셔서 마지막 슬픔을 경험하셨습니다. 그게 무엇인가요? 바로 기쁨의 근원 되신 하나님과 영원히 끊어지는 슬픔과 우울이었습니다.

제구시에 예수께서 크게 소리 지르시되 엘리 엘리 라마 사박다니 하시니 이를 번역하면 나의 하나님, 나의 하나님 어찌하여 나를 버리셨나이까 하는 뜻이라(막 15:34).

사람은 하나님과 끊어질 때 영원히 기쁨을 상실하게 됩니다. 이것이 내가 맞이할 마지막 극악의 감정이었습니다. 그런데 예수님이 끊어내셨습니다. 오늘 내 인생을 대신하여 주님께서 내가 경험해야 할 가장 짙은 어둠의 감정을 모두 가져가셨음을 믿으십니까?

그렇다면 이제 나의 슬픔과 우울을 다시 해석할 수 있습니다. 주님이 오늘 내게 주신 어두운 감정들은 결코 내 인생을 버리시거나 심판하시기 위함이 아닙니다. 죄인으로서 내 인생이 당해야 할 형벌의 모든 부정적 감정을 예수님이 진정 십자가로 가지고 가셨으니, 이제 경험하는 이 모든 어두운 감정 속에서도 나는 다시 믿음을 붙들 수 있습니다.

이 어둡고 슬픈 감정들을 통해서 분명 주님은 내가 내 감정에 집중하지 않고, 하나님이 기뻐하시는 일들을 기뻐할 수 있는 삶의 방식을 훈련하실 것입니다. 내 감정만 앞세우지 않고, 그것보다 주님이 어떻게 느끼실지를 먼저 생각하는 경건을 훈련하실 것입니다. 나의 삶의 모든 슬픔과 어둠의 감정들은, 영원한 어둠을 경험하신 예수님과 함께 통과할 때 영원한 기쁨이 될 것입니다.

기쁨의 근원 되시는 예수님께로 나아오세요. 그분이 나의 모든 우울과 어두운 감정들을 가져가셨음을 믿고 나아오시기 바랍니다. 그분은 우리를 결코 어두운 감정 속에 내버려두지 않으실 것입니다. 하나님이 기뻐하시는 일을 나의 기쁨으로 삼는 것. 이것이 감정형 그리스도인들의 거듭난 삶입니다.

하나님의 성격 수업 One-point lesson

사고(T) vs 감정(F)

"응, 나 T야, 그게 무슨 상관이야 근데?" 사고형의 사람

하나님은 사고형의 사람에게 일관성(consistency)이라는 선물을 주셨다. 팩트를 통해 잘잘못을 따지기 좋아하는 그들에게 자극을 부여할 수 있는 '반응과 기름'을 선물하자. 자칫 율법주의로 흐를 수 있는 사고형의 사람에게는 원칙이 무너졌을 때 비로소 이루어지는 사랑도 있다는 것을 인정하는 거듭남이 필요하다.

"너, T야? 난 공감이 필요하단 말이야." 감정형의 사람

하나님은 감정형의 사람에게 동일시(identification)의 능력을 선물로 주셨다. 타인의 감정을 잘 느끼고 감정에 따라 움직이는 그들에게는 '포장지와 안정감'을 선물해 주자. 사고형의 사람들과 마찬가지로 감정형 역시 율법주의의 함정에 빠질 수 있다는 것을 인지하고 적절한 방법의 순종함을 통해 거듭남을 이루어 보자.

4부

판단(J)과 인식(P)
계획이 무너질 때 더 큰 계획이 보인다

1
나의 계획은 무너져야 한다

계획을 무너뜨리시는 하나님

지금까지 살펴본 모든 기질의 다양함 대로, 사람은 각자의 삶을 전진시켜 갑니다. 그 모든 종합적인 실행이 어떤 방식으로 이루어지느냐를 다루는 것이 마지막 기질의 구분입니다. 판단형은 계획형이라고 바꾸어 말할 수도 있습니다. 무언가를 이루기 위해서는 철저한 계획과 시나리오가 선행되어야 하고, 그 계획이 이루어질 때 그것을 성공이라 말합니다. 반면 인식형은 계획이 틀어지는 것을 실패라고 보지 않습니다. 계획은 스케치일 뿐입니다. 새로운 정보와 상황이 추가되면, 그것은 더 좋은 결정을 위한 계기가 될 수 있다고 생각합니다.

판단형의 남자와 인식형의 여자가 데이트를 합니다. 남자는 전날 여자친구와 문자를 주고 받으며 어디에서 무엇을 먹고, 어떤 활동을 하며 시간을 보낼지 이야기를 나누었습니다. 두 사람 모두 기분 좋게 계획을 세우고 다음 날 만났습니다. 그런데 길을 걸어가다가 요즘 인기 있는 캐릭터를 중심으로 꾸며놓은 팝업스토어가 열린 것을 보게 되었습니다. 여자친구가 상점에서 눈을 떼지 못하더니 들렸다 가자고 합니다. 결국 잠깐 구경하는 것이 아니라 "오늘 데이트는 여기서 놀까?"라고 신이 나서 제안합니다. 남자친구는 여자친구의 부탁이니 어쩔 수 없이 그러자고 하지만, 이상하게 마음속에서 자꾸 화가 나고 불편한 마음이 올라옵니다. 팝업스토어를 만나는 바람에 오늘 원래 하려고 했던 모든 데이트의 계획이 틀어졌기 때문입니다.

계획의 한계

사도행전 16장은 바울이 선한 계획을 세우는 장면입니다. 바울은 하나님의 복음을 더 넓은 땅에 전하고 싶었습니다. 원래 아시아 땅에서(지금의 터키 지역) 복음을 전하려고 했는데, 선한 계획이었음에도 불구하고 하나님이 그 계획을 막으셨습니다.

> 성령이 아시아에서 말씀을 전하지 못하게 하시거늘 그들이 브루기아와 갈라디아 땅으로 다녀가 무시아 앞에 이르러 비두니아로 가고자 애쓰되 예수의 영이 허락하지 아니하시는지라(행 16:6).

하나님은 사람의 계획을 막으시는 분입니다. 왜인가요? 그 사람이 마음에 들지 않아서입니까? 그 사람을 버리셔서입니까? 그렇지 않습니다. 하나님이 사람의 계획을 막으시는 이유는, 하나님의 계획을 세우시기 위함입니다. 그렇다면 우리는 계획을 세우지 말아야 할까요?

하나님은 우리가 자유롭게 계획을 세우도록 허락하시지만, 일부러 그 계획을 세우는 도중에 무너뜨리시고 하나님의 계획을 보여주십니다. 그래야 사람의 모든 걸음이 하나님께 있음을 사람이 깨달을 수 있기 때문입니다.

그러므로 우리는 오히려 소망이 생깁니다. 나의 계획이 무너지는 곳에는 언제나 하나님의 개입이 있음을 믿을 수 있기 때문입니다. 성경은 사람의 계획과 하나님의 계획을 늘 동시에 말합니다. 우리가 멋대로 해서 하나님이 그분의 뜻대로 못하시는 것이 아닙니다. 하나님이 뜻대로 하시기 때문에, 우리가 우리 마음대로 행위를 하지 못하는 것도 아닙니다. 사람이 계획을 세우지만, 하나님이 그분의 계획을 다 실행하십니다.

> 사람이 마음으로 자기의 길을 계획할지라도 그의 걸음을 인도하시는 이는 여호와시니라(잠 16:9).

> 이는 내 생각이 너희의 생각과 다르며 내 길은 너희의 길과 다름이니

라 여호와의 말씀이니라 이는 하늘이 땅보다 높음 같이 내 길은 너희의 길보다 높으며 내 생각은 너희의 생각보다 높음이니라(사 55:8-9).

오직 하나님의 뜻만이

판단형의 사람들은 성경을 계획 안에서 바라봅니다. 성경은 계획을 세우는 법을 알려주는 책이 아닙니다. 반대로 인식형의 사람들은 성경을 계획이 필요 없음을 증명하는 책으로 봅니다. 그러나 성경은 인간이 계획해 봐야 소용 없으니 계획을 벗어나서 자유롭게 살라고 말하는 것도 아닙니다. 그러면 무엇을 말하고 있습니까? 어느 한쪽 성품에 옳고 그름이 있지 않습니다. 각각의 기질 속에, 하나님의 계획이 드러나게 되는 것만이 목표입니다. 계획을 철저하게 세우는 방식을 통해서도, 계획을 자유롭게 수정하는 방식의 기질을 통해서도 결국 하나님이 드러내고자 원하시는 것은 하나님의 계획입니다.

판단형인 사람에게 주신 하나님의 선물: 우선순위(priority)

요즘 한 분야에 '전문성'이 필요하다는 말을 많이 합니다. 여러 직장에서 이 부서 저 부서 전전하지만 실제로 잘하는 것은 없는 것 같다고 느끼는 사람들이 많아서 그럴 것입니다. 그러나 전문성이 있다고 해서 목표를 보장할 수 있을까요?

나라를 위해 일한 고위급 공무원이 평생을 재직한 뒤에 이런 말씀을 하신 적이 있다고 합니다.

"제너럴리스트는 스페셜리스트가 일하는 방식에 개입하면 안 되고, 스페셜리스트는 제너럴리스트가 정하는 일의 우선순위에 개입하면 안 된다."

무슨 말일까요? 전문성이 있다고 목표를 이룰 수 있는 것은 아니라는 것입니다. 언제나 특정 분야의 전문성은 부분을 볼 뿐이며, 그 모든 전문성과 여러 상황을 조합하여 목표를 성취할 수 있도록 만드는 것은 분명 별개의 영역입니다. 이것은 보이지 않습니다. 그래서 판단형의 사람들은 이 능력을 스스로 폄하할 때가 많이 있습니다. 그러나 전체가 돌아가도록, 전체가 운영되게 만드는 것은 분명한 재능의 영역입니다.

자기 스타일대로 일해서 일의 결과물들을 만들어 내는 사람들이 있습니다. 정말 뛰어나고 탁월하다고 느껴집니다. 그런데 이상하게, 그들은 보통 '그것만' 할 줄 압니다. 다른 곳에 시선을 둘 여유가 없습니다. 그러다 보니 일을 정말 잘하지만 전체적인 열매는 적어지는 안타까움이 있습니다. 반면에 판단형의 사람들은 모든 상황 속에서 **우선순위를 가지고 일할 수 있는** 사람들입니다.

세상은 지휘자를 찾는다

이렇게 적용해 볼 수 있습니다. 판단형의 사람들은 리더십을 위해 기도하며 그 자리로 가야 합니다. 세상은 지휘자를 찾고 있기 때문입니다. 지휘하는 사람은 연주자보다 악기 연주 실력이 뛰어나서 지휘를 하는 걸까요? 그렇지 않습니다. 축구 감독은 축구 선수보다 축구를 더 잘해서 감독을 하는 것입니까? 절대 그렇지 않습니다. 거의 모든 경우 감독이나 리더는 실제 선수나 연주자들보다 전문적인 실력이 떨어질 수 있습니다. 그럼에도 불구하고 감독이나 지휘자가 필요한 이유는 무엇인가요? 모든 자원을 종합적으로 활용하여 목표를 이루어 낼 수 있는 능력이 바로 리더십이기 때문입니다.

판단형의 사람들이 이 시대에 빠지는 함정이 있습니다. 사람들이 자신의 개인적인 이익실현을 목표로 살아가다 보니, 내게 주신 기질적 강점을 가지고 '나의' 계획을 '내가' 성취하는 데에만 사용하려는 것입니다. 하지만 본질적으로 판단형의 사람들은 전체를 아우르고 관리하는 능력이 있는 사람들입니다. 이런 사람들은 더 많은 사람을 품는 리더와 감독의 자리로 나아가야 합니다. 그럴 때 더 요긴하게 쓰임받을 수 있습니다.

전설의 명장이 된 맨체스터 유나이티드의 퍼거슨 감독이 있습니다. 그가 은퇴한 이후에 팀은 매우 고전하게 되는데, 퍼거슨은 자신의 은퇴 직후 맨유가 추락하는 모습을 보면서 이렇게 한탄했다고 합니다. 할 수 있는 게 없어서 어쩔 줄 모르는 한 위대한 감독의 이야기를 들어 보세요.

내 후임을 물색하기 시작했을 무렵, 맨체스터 유나이티드가 탐내고 있었던 몇 명의 감독은 이미 영입이 불가능한 상태였다. (…) 알다시피 최종적으로 데이비드 모예스를 선택하게 되었다. (…) 안타깝게도 상황은 우리와 모예스가 바라던 대로 돌아가지 않았다.[39]

퍼거슨이 자리에서 내려온 이후 맨유의 순위는 급격하게 하락하기 시작합니다.

맨유 다섯 시즌 승점 및 순위
2012/2013시즌 승점 89점 1위 감독 알렉스 퍼거슨
2013/2014시즌 승점 64점 7위 감독 데이비드 모예스
2014/2015시즌 승점 70점 4위 감독 루이스 판 할
2015/2016시즌 승점 66점 5위 감독 루이스 판 할
2016/2017시즌 승점 69점 6위 감독 조제 모리뉴

퍼거슨은 무엇을 찾고 있었습니까? 훌륭한 선수를 찾고 있지 않았습니다. 내가 은퇴하고 내려가면, 우리 팀에 필요한 것은 '새로운 리더십'이라는 것을 인식하고 있었던 것입니다.

판단형의 사람들이라면, 내가 분명 어느 영역에서는 전체적인 리더십을 행사할 수 있는 하나님의 부르심이 있을 수 있음을 늘 염두에 두어야 합니다.

인식형인 사람에게 주신 하나님의 선물: 위험(risk)

판단형의 사람들은 계획대로 진행될 때 안정감을 느낍니다. 그런데 완전히 반대되는 사람들이 바로 인식형의 사람들입니다. 인식형은 안정감 자체를 진부함과 불행으로 느낍니다. 새로운 일이 벌어지지 않을수록, 했던 일만 할수록 삶의 가치를 잃어버리는 사람들입니다. 판단형의 사람은 일을 진행하는 도중에 새로운 정보가 들어오면 그것을 '방해'로 봅니다. 나는 더 이상의 자원이 필요하지 않고 이미 계획을 세웠기에 그대로 이루어지기만 하면 그만입니다. 그러나 인식형의 사람은 계획 이후에 돌발적인 상황들과 추가적인 정보들을 모두 수용합니다. 그것을 통해 더 개선되고, 나아질 수 있다고 믿기 때문에 개방적입니다.

인식형의 사람들이 크게 쓰임받을 수 있는 곳이 있습니다. 바로 **위험한 곳**입니다. 하나님께서 돌발적이고, 새롭고, 변화를 예측할 수 없는 상황을 허락하실 때는, 인식형의 사람들을 들어쓰시겠다는 하나님의 전조로 보면 됩니다.

위험해야 안전하다

우리나라에서 가장 문제가 되고 있는 공공시설 중의 하나가 놀이터라고 합니다. 우리나라 현대 놀이터들의 가장 큰 문제점이 '안전'입니다. 그런데 안전하지 않아서가 아니라, 안전만 생각해서 문제라는 것입니다. 아이들이 어떻게 하면 다치지 않을까만 생각하다 보니, 아이들을 위한 놀이터가 아니라 '어른들을 위한 놀이터'를 만들어 가고 있었기 때문입니다. 놀이터 전문가인 편해문 작가는 자신이 쓴 『놀이터, 위험해야 안전하다』라는 책에서는 이렇게 말합니다.

> 한국 아이들이 위험 속에서 안전을 찾아가는 능력은 바닥이다. (…) '도전과 모험'을 이야기하면 다들 펄쩍 뛴다. 안전은 아이들을 조심스럽게 키워야 다다를 수 있는 것이 아니라, 아이들이 위험을 스스로 다룰 수 있어야 닿을 수 있다는 기본 명제가 철저히 부정되고 있다. (…) 놀이는 도전을 의미한다. 다시 말해 안전에 안주하는 것이 놀이가 아니라, 하지 않던 것을, 할 수 없었던 것을 날마다 조금씩 도전해 나가는 과정 자체가 놀이다. (…) 초등 아이들이 놀 놀이터를 유아 수준의 놀이터로 만들어 놓고 안전하다며 자만하는 것은 마치 기린에게 머리를 숙이고 다니라는 것처럼 아이들의 성장을 가로막는 일이다. 놀이터에 이런 도전과 위험이 없다면 그곳은 놀이터가 아니다.[40]

아이들이 다칠까 봐 엄청 작은 미끄럼틀을 놔두고, 옆에는 부모가 바로 감시할 수 있는 시스템을 갖추고, CCTV까지 달아 놓습니다. 그러면 아이들은 다치지 않게 정해진 길만 걸어가고, 부모가 감시하는 놀이터에서 아이들은 아무것도 배울 수 없게 됩니다.

그런데 실제로 어렸을 때 아이들이 넘어져 보지 않으면, 커서 오히려 척추가 부러지거나 더 큰 사고를 당한다고 합니다. 왜 그럴까요? 위험을 스스로 맞이하는 경험을 해 보지 못했기 때문입니다.

유럽 놀이터의 대명제는 다르다고 합니다. "놀이터는 위험을 제공해 아이들이 위험에 대처할 기회를 준다."라는 것입니다. 철학이 다름이 느껴지지 않습니까? 놀이터의 목적이 바로 '위험에 일부러 처하게 만드는 것'이라는 뜻입니다. 외국의 전문가들이 만든 놀이터에 가면 줄이 끊어질 듯 말 듯 연결돼 있고, 어디가 입구인지 모르게 애매하게 만들어 놓는다고 합니다. 그래야 아이들이 스스로 판단하고 순간순간 즉흥적으로, 돌발적으로 생기는 상황에 대응할 수 있게 된다는 것입니다.

저는 이 내용을 읽으며 저도 모르게 흥분했습니다. 이것이 바로 하나님이 인식형의 사람들을 다루어 가시는 방법이구나! 하는 생각이 들었기 때문입니다.

하나님이 주신 영역이 분명한데, 다들 어떤 새로운 일이 벌어질지 예측이 되지 않아서 어려워하는 업무가 있습니까? 자신 있게 맡아보세요. 업무의 프로세스가 미리 정리되어 있는 것이 없어서 내가 찾아서 해야 하는 일인가요? 즐겁게 시작해 보세요. 위험한 것 자체를 좋아하는 인식형의 성향이, 많은 사람에게 따라갈 수 있는 길을 앞서 만들어 주는 역할을 하게 될 수 있습니다.

2
먼저 질문해 주세요 vs 몰아치세요

판단형의 사람이 넓어졌던 순간

저는 계획적인 사람입니다. 이 책을 쓰는 동안에도 스스로 마감 기한을 정해 놓고, 스스로 지키지 못해 자책하며 힘들어 했습니다. 계획대로 진행되는 것이 인생 최고의 보람이자 기쁨이기 때문입니다. 저는 당연히 지도자가 될수록 계획이 철저해야 한다고 생각했습니다.

최근 많은 성도님들을 섬기고, 위대한 사역을 일구어 낸 기라성 같은 목사님들을 연속으로 만나 뵐 일이 있었습니다. 얼마나 철저하게 계획했길래 위대한 비전을 성취할 수 있으셨는지 배우고 싶었습니다. 그런데 충격을 받았습니다. MBTI의 분류대로 그 목사님들을 분류해 보면 거의 모두가 판단형이 아니라 인식형이었기 때문입니다.

저희 교회가 장소 문제로 어려움을 겪고 있을 때 저와 친밀하게 교제하는 존경하는 목사님께 사정을 말씀드린 적이 있습니다. 그냥 상황이 그렇다고 말씀드린 것인데, 갑자기 "지금 가겠다"라고 말씀하시는 것입니다. 저는 깜짝 놀라서 왜 오시냐고 물었습니다. 지금은 대책도 없으니, 저희가 어떻게 할지 고민을 한 후에 연락을 드리겠다고 했습니다. 그런데도 "1시간 후에 보자"라고만 말씀하셨습니다. 너무 갑작스럽고 당황스러웠습니다.

그런데 신기하게도, 직관적인 무엇이 있었나 봅니다. 예배 장소 확장에 도움을 주겠다고 그날로 찾아오시더니, 이리저리 교역자들과 함께 부동산을 통해 현장에서 매물을 알아보고 결국 적절한 매물을 찾아내신 것입니다. 당일에 그 장소로 결정이 되고, 저희는 아직도 그 공간에서 예배를 드리고 있습니다.

한 교회의 예배 공간을 옮기는 것은 엄청나게 신중한 계획과 절차가 있어야 하는 일 아닙니까? 저는 그렇게 생각했습니다. 그리고 지금도 그렇게 믿습니다. 그런데 한 가지 달라진 마음이 있습니다. 꼭 그런 계획으로만 일이 성취되는 것은 아니라는 사실입니다. 판단형의 사람들과 인식형의 사람들 각각 하나님이 주신 독특한 기질과 강점이 있습니다. 계획이 없어서도 안 되지만, **계획이 우상이 되어서도** 안 됩니다. 서로를 인정하고, 서로가 그 기질 가운데 열매 맺을 수 있도록 돕는 모습이 필요합니다.

판단형이 인식형에게 주는 선물 1: 몰아침

계획대로 움직이는 판단형의 사람들이 인식형에게 줄 수 있는 선물은 무엇일까요? 인식형의 사람들은 통제받는 것을 싫어합니다. 자유롭게 활동하고, 사고하기를 원합니다. 새로운 사람을 만나고, 새로운 경험을 하면서 희열을 느끼는 사람들입니다. 당연히 이들의 약점은 목표를 시간 내에 달성하기 어렵다는 점입니다. 그렇다고 목표를 체계적으로 이루어야 한다고 쪼아대고 압박하면 도망가는 사람들입니다.

이들에게는 전체적으로 자유를 주는 척해야 합니다. 그러나 이들도 목표를 제대로 달성하지 못하고 있음을 스스로 알고 힘들어합니다. 그래서 인식형의 사람들에게는 자유로운 분위기를 조성해 주고, 일정한 프로젝트, 일정한 기간을 주어서 집중적으로 일을 실행하게 만들어야 합니다. 그리고 다시 자유를 주는 몰아치는 전략을 선물해야 합니다.

공부는 안 하고 하루 종일 아이돌 뮤직비디오를 보면서 시간을 보내는 딸이 있었다고 합니다. 부모는 이 어린 딸이 너무 걱정되어 도대체 어떤 식으로 공부해서 목표를 이룰 것인지 공부 계획을 가져오라고 했습니다. 딸은 아무 계획이 없었고, 부모는 화가 치밀어올랐습니다. "아무 계획도 안 세우고 도대체 공부를 어떻게 하려고 해!"

알고 보니 이 딸은 인식형의 기질을 가진 학생이었습니다. 스스로도 공부를 열심히 해서 진로를 찾아가야 한다는 것을 알고는 있었습니다. 그러나 그것을 계획적으로 실행할 능력은 부족했습니다. 기질의 차이가 있다는 것을 파악한 후 부모는 전략을 바꾸었습니다. 어느 날 딸을 불러 엄마는 이렇게 말했다고 합니다. "엄마는 너를 통제하려는 게 아니야. 모든 것을 자유롭게 해도 돼. 다만 너도 공부를 해야 한다는 건 알고 있지? 그러면 우리가 시간을 정해서 그 시간에만 집중적으로 공부하고 다시 노는 것은 어떨까? 다음 주 월요일부터 정신 차리고 금요일까지만 집중적으로 시험공부를 해 보자! 그 다음에는 다시 네가 원하는 대로 놀면 되잖아. 어때?"

딸은 의외로 그 제안을 받아들였다고 합니다. 이 제안이 공부 계획을 가져오라는 제안과 어떤 차이가 있습니까? 계획은 꾸준해야 합니다. 늘 일정한 지속성을 요구하는 일입니다. 그러나 인식형의 사람들은 꾸준함에 약한 사람들입니다. 꾸준해지라고 정죄하지 말고, 이들이 이미 가지고 있는 강점을 활용할 수 있도록 해야 합니다. 몰아쳐 줘야 합니다. 정해진 시간에만 집중적으로 실행할 때는 인식형의 사람들의 추진력이 오히려 엄청납니다. 밤을 새고, 밥을 굶으면서 프로젝트를 해내고야 맙니다. 그 기질이 발휘될 수 있도록 특정한 기간 몰아치는 전략을 선물해야 합니다.

인식형이 움직이는 순간은 바로 촉박해지는 순간입니다. 이들을 처음부터 미리미리 움직이려고 하면 안 됩니다. 계획 좀 세우라고, 미리미리 좀 하라고 한마디 내뱉고 싶을 때도 참아야 합니다. 스스로도 지금 시간이 얼마 안 남았다고 느낄 때쯤, 도움을 구하는 시선이 느껴질 때쯤 접근하세요. 그럴 때 어떤 방식으로 집중하면 좋을지 그 몰아침의 계획을 선사하세요. 인식형의 사람들이 결국 자신의 원하는 목표를 달성할 수 있도록 도움을 줄 수 있습니다.

판단형이 인식형에게 주는 선물 2: 변화

인식형의 사람들은 꾸준함, 계획, 일관성과는 거리가 먼 사람들입니다. 이 사람들은 변화 자체가 삶의 활력소입니다. 그렇다면 같은 업무, 같은 일상이라도 사소하게 변화를 주는 갑작스러운 이벤트를 곳곳에 계획해 보세요. 그럴 때 인식형의 사람들의 삶의 열매가 더 풍성하게 맺힐 수 있습니다.

하루 종일 사무실에서 일을 하는 직장인이 있습니다. 팀장님이 제안합니다. "오늘 회의는 잠깐 밖에 카페에 가서 할까요?" 판단형의 사람들은 도대체 왜 팀장님이 지금 바쁜 마당에 쓸데없이 나가자고 하는지 이해할 수가 없습니다. 그러나 인식형의 사람들은 너무 기쁩니다. 지겨웠는데 잘됐다며 제일 먼저 일어납니다. 무언가 새로운 자극, 새로운 변화가 왔다는 데에서 에너지가 생기기 때문입니다.

이 사람들은 자유와 변화를 줄수록 사랑도 커지는 사람들입니다. 판단형에게는 폭탄이지만, 인식형에게는 선물입니다. 판단형의 사람들은 상대를 섬긴다는 마음으로 상대에게 딱딱하게 굳어진 정보를 주려고 합니다. 엄청나게 자세히 설명한 후 이 방식대로 일을 해 달라고 합니다. 그러나 인식형은 그런 말을 들으면 오히려 일하기가 힘듭니다. 이들에게는 큰 주제를 던지고 자유롭게 너의 스타일대로 알아보라고 말해 줘야 합니다. 새로운 프로젝트, 도대체 뭐가 뭔지 알 수 없는 새로 온 메일, 새롭게 사게 된 전자기기 사용법, 새로운 맛집 찾기, 요즘 새롭게 유행한다는 어플을 던져보세요. 신나게 집중하며 열정적으로 매달릴 것입니다.

인식형이 판단형에게 주는 선물 1: 질문

판단형의 사람들은 계획을 중요하게 여긴다고 했습니다. 그래서 자유롭게 사는 인식형을 만나면 늘 힘들어합니다. 예측이 되지 않기 때문입니다. "도대체 지금 뭘 하겠다는 거지?" 판단형은 설명과 예측이 가능한 상태를 좋아합니다.

이러한 판단형에게 인식형이 줄 수 있는 선물이 바로 질문입니다. 계획적인 사람들도 모든 것에 다 철저한 것이 아닙니다. 자기가 중요하게 여기고 확실해졌으면 하는 부분들이 다 있습니다. 어떤 부분을 철저히 신경 써 주었으면 좋겠는지 그 부분을 먼저 질문해 주는 것입니다.

어느 신혼부부가 있었습니다. 남편의 직장은 거래처와 저녁 약속이 많은 곳이었습니다. 어느 날, 갑자기 거래처와 약속이 취소되는 바람에 남편이 일찍 집에 오게 되었습니다. 그런데 집에 들어가니 아내의 표정이 좋지 않았습니다. 보통 남편이 집에 일찍 오면 좋아해야 하는데 왜 그렇게 불편한 표정을 짓냐고 물었더니, 아내는 자신이 저녁 시간에 도대체 어떻게 해야 할지 모르겠다고 하는 것입니다. 남편은 오해하여 쏘아 붙였습니다. "아니, 내가 거래처와 저녁 약속이 많다는 걸 알잖아? 일부러 늦게 들어오는 것도 아닌데 왜 그러는 거야? 그리고 오늘은 일찍 들어왔잖아? 저녁을 먹지 말라는 거야, 뭐야?"

그러자 아내가 어이 없어 하면서 대답했습니다. "내가 언제 저녁을 먹지 말라 그랬어? 나는 당신이 일주일 내내 밖에서 저녁을 먹고 와도 열심히 일해 주는 것에 고마워할 거야. 난 그 부분이 화가 나는 게 아니라고. 도대체 일찍 오면 일찍 온다, 저녁 먹고 오면 먹고 온다, 전화를 해 줘야 할 거 아니야. 미리 전화를 해 줘야 밥을 할지, 말지 계획을 세울 수 있잖아. 전화만 해달라고!"

아내가 화가 났던 부분은 무엇이었습니까? 저녁에 남편을 자주 볼 수 없다는 것이 아니었습니다. 계획을 세울 수 없어서 불안한 저녁시간이었습니다. 그럴 때는 인식형의 사람들이 먼저 물어봐 줄 필요가 있습니다. 우리 가정에서 내가 무엇을 미리미리 확실하게 해 주었으면 좋겠는지 말입니다. 회사에서 특정 업무를 할 때 어떤 부분을 명확히 해 주었으면 좋겠는지 업무 시작 전에 물어봐야 합니다. 질문해 주면 판단형의 사람들은 고마워합니다. 자신이 가장 중요하게 여기는 부분을 상대가 확실히 인지하고 있으니, 계획이 틀어지지 않을 것이라 안심하기 때문입니다.

화가 난 아기 엄마

판단형의 사람은 자신이 불쾌하고 조급한데 대놓고 말할 수가 없어서 혼자 힘들어하는 사람들입니다. 저희 교회에 두 어린 아이를 키우는 엄마가 있습니다. 잠을 자는 시간에 첫째가 칭얼거리면 둘째가 덩달아서 깨는 경우가 많았답니다. 당연히 그럴 수 있는 것인데, 그때마다 첫째에게 너무 많이 화가 난다는 것입니다. 첫째 아이는 잠도 안 오고 그저 엄마랑 더 놀고 싶은 것인데, 자신은 도대체 왜 그렇게까지 화가 치밀어 오르는지 생각해 보고, 다음과 같이 고백했습니다.

내가 가장 화가 날 때는, 동생은 옆에서 잘 자고 있는데 자긴 안 자겠다며 첫째가 계속 장난을 치고 시끄럽게 해서 결국 둘째가 깨버릴 때다. (…) 그 힘든 시간이 지나가고 차분하게 생각해 보면 첫째에게 너무 미안해진다. (…) 아마 극강의 J(판단형)인 성격 탓에 첫째가 안 자고 동생을 깨우면 애들을 재우고 해야 할 많은 일들에 차질이 생기는 것을 못 견디는 것 같다.

계획형인 사람들이 말도 못 하고 힘들어하는 표정을 짓는다면, 인식형의 사람들은 가만히 있지 말고 물어봐 줘야 합니다. 도대체 자신이 왜 화가 나 있는지도 모르는 경우가 많습니다. 그들에게 먼저 질문해서 이유를 찾아주고 구원을 선사해 보세요.

인식형이 판단형에게 주는 선물 2: 알림

인식형이 질문과 더불어서 판단형에게 주어야 할 선물은 바로 알림입니다. 상대가 중요하게 여기는 계획을 질문으로 확인한 후, 그 진행 상황을 상대가 안심할 수 있도록 주기적으로 말해 주는 것입니다.

예를 들어 한 직장 상사가 3개월 내에 완성해야 하는 프로젝트를 주었습니다. 분명히 3개월 후에 보고를 받기로 했습니다. 그렇다고 정말 3개월 뒤에 결과를 발표하면 안 됩니다. 판단형의 리더들은 그 3개월 동안 일이 잘 진행되고 있는지 수시로 확인하기를 원하는 사람들입니다. 그래서 꼭 보고의 형식이 아니더라도, 지나가는 말을 통해서라도 진행 상황을 수시로 전달해 줄 필요가 있습니다. 그러면 리더의 마음이 편안해집니다. 계획의 진행 상황을 확인받았기 때문입니다.

계획이 바뀔 때도 마찬가지입니다. 대학생 아들이 오늘 분명히 집에서 가족과 함께 밥을 먹기로 했습니다. 그런데 지나가다가 친구를 우연히 만나 대화가 길어지기 시작했습니다. 그냥 집에 늦게 가면 판단형의 엄마에게 "밥 다 차려놨는데 왜 이렇게 늦게 오냐!"고 핀잔을 듣기 쉽습니다. 그러나 변경된 계획을 재빠르게 알려주면, 계획형의 사람들은 그 알림을 듣고 계획을 미리 수정합니다.

판단형의 사람들에게는 미리 알려주세요. 중간중간 통보해 주세요. 어느새 판단형의 얼굴에서 안정감이 느껴지기 시작할 것입니다.

3
판단형(J)의 거듭남
무산과 충돌의 시간

계획이 무산될 때

   계획을 중요하게 여기는 사람들은, 어떤 때에 인생이 실패했다고 느낄까요? 당연히 계획이 무산되었을 때 크게 좌절할 것입니다. 사람이 계획을 세웁니다. 그러나 그 계획 속에는 하나님의 계획이 같이 흐르고 있다고 했습니다. 그렇다면 판단형의 사람들이 예수님을 만나서 거듭나야 하는 것은 무엇입니까? 판단형의 사람들은 '계획이 잘 진행된 부분'만 훌륭한 인생, 성취한 인생이라고 규정하곤 합니다. 그러나 예수 그리스도 안에서 거듭난 이후에는 인생의 성취 범위가 더 넓어질 수 있습니다. 계획대로 성취한 곳뿐만 아니라, 무산되고 좌절된 계획 속에서도 하나님의 새로운 계획이 성취될 수 있음을 믿게 됩니다. 그래서 인생의 무산된 계획의 영역까지도 품게 될 수 있는 것입니다.

새로운 계획

바울은 아시아에서 복음을 전하고 싶었습니다. 진정성을 가지고 준비하며 계획을 세웠습니다. 그런데 하나님이 그 계획을 막으셨고, 바울은 번민했을 것입니다. 그러나 좌절된 인간의 계획 속에서 하나님은 새로운 자신의 계획을 드러내십니다.

> 밤에 환상이 바울에게 보이니 마게도냐 사람 하나가 서서 그에게 청하여 이르되 마게도냐로 건너와서 우리를 도우라 하거늘 바울이 그 환상을 보았을 때 우리가 곧 마게도냐로 떠나기를 힘쓰니 이는 하나님이 저 사람들에게 복음을 전하라고 우리를 부르신 줄로 인정함이러라(행 16:9-10).

판단형의 인생 속에 펼쳐지는 무산된 계획들은 왜 여전히 소망이 될 수 있습니까? 하나님의 계획 때문입니다. 자기가 계획한 일들이 그대로 성취되지 못하고, 목표한 성과를 달성하지 못할 때 판단형의 사람들은 예수님을 믿는다고 하면서도 좌절할 수 있습니다. 이 사람들은 예수 그리스도의 복음이 자신이 만들어 낸 계획도 구원할 수 있다는 것을 아직 받아들이지 못하고 있기 때문입니다. 예수님을 믿고 죽음에서 부활한다는 것은 믿습니다. 그런데 내 계획에서는 부활할 수 있다고 믿지 않습니다. 육체의 부활은 믿지만, 계획의 부활은 믿지 않습니다. 이것은 복음이 삶에서 실제로 적용되는 삶이 아닙니다. 예수님의 죽음과 부활을 믿는다면, 그것은 분명 나의 계획에도 적용되어야 할 일입니다.

감옥에서 나오지 못한 사람

온갖 핍박 속에서 신앙의 절개를 지켰던 청교도들은, 그 가정의 형편마다 자신의 운명이 달라지는 경우가 많았다고 합니다. 청교도 중에서도 유력한 가문의 자제들은 핍박을 피하고 비교적 편안했지만, 가난하고 유력하지 못한 가문의 청교도들은 핍박이 왔을 때 더 심한 고난을 당하는 경우가 있었다고 합니다.

이름이 비슷한 두 청교도가 있었습니다. 존 오웬과 존 번연입니다. 존 오웬은 유력한 가문이었습니다. 또한 박해가 심하지 않은 곳에 살았습니다. 존 오웬은 존 번연과 각별하게 친한 관계였습니다. 하지만 박해가 심해지면서 친구 존 번연이 감옥에 가게 되는 어려움을 당하게 되었습니다. 오웬은 당연히 자신의 친구를 꺼내 주고 싶어 했습니다. 자신이 가진 모든 연줄과 인맥을 동원하여 번연을 빼내려고 했으나 허사였습니다. 분명히 오웬은 자신의 힘으로, 자신의 계획으로 가능할 것이라고 생각했는데, 쉽지 않았습니다. 오웬의 번연 구조 계획이 실패하게 된 것입니다. 그러나 이 계획은 하나님의 숨겨진 계획을 드러내는 일이 되었습니다.

오웬이 번연을 감옥에서 석방시켜 주지 못한 사연은 섭리의 먹구름 가운데 드러나는 하나님의 자비를 가장 잘 보여주는 하나의 예다. 번연이 감옥에 있을 때 오웬은 자신이 동원할 수 있는 온갖 연줄을 다 동원해서 번연의 석방을 위해 여러 번 노력했지만 모두 허사였다. 그러나 존 번연은 1676년에 석방되었을 때 "그 가치와 중요성을 다 이해하기가 거의 불가능한" 한 편의 원고를 들고 나왔다. 그것이 바로『천로역정』이었다. (…) 이는 모두 번연을 석방시키려는 오웬의 선한 노력이 실패한 덕분이었다.[41]

하나님은 번연을 감옥에서 꺼내려는 오웬의 계획이 실패로 돌아가게 만드셨습니다. 그러나 반대로 하나님의 계획이 성취되게 하셨습니다. 하나님은 위대한 대작『천로역정』을 계획하고 있으셨던 것입니다. 그 방대한 분량이 완성되려면 번연에게는 긴 감옥 안에서의 시간이 필요했던 것입니다.

판단형이 거듭나는 지점이 바로 여기에 있습니다. 사람의 계획이 무산되는 것 같은 시점에 성령을 기대해야 합니다. 하나님의 새로운 계획이 펼쳐짐을 소망해야 합니다. 그 소망 중에 실패한 계획에서, 새로운 하나님의 일하심을 기대하는 것이 거듭난 판단형의 그리스도인들이 가질 자세입니다.

목표는 과정과 분리되지 않는다

그러므로 하나님의 계획을 신뢰하는 그리스도인의 삶의 특징은 **목표와 과정이 분리되지 않는다**는 것입니다.

바울은 동방에서의 선교 사역을 완성한 후에, 서방 선교에 착수하고 싶었습니다. 바울이 가고 싶어 한 마지막 선교지는 스페인이었습니다. 그러나 지도를 보시면 아시겠지만, 스페인은 예루살렘과 너무 멀리 떨어져 있는 곳이었습니다. 그러면 당연히 교두보가 필요했는데 교두보로 가장 적절한 지역이 로마였습니다. 거리가 머니까 잠깐 쉬어야 하고, 돈이 없으니 헌금도 받아야 했습니다.

바울의 마음에 당연히 로마는 '거쳐가는 곳'이라는 생각밖에 들지 않았을 것입니다. 로마가 과정일 뿐이라면, 바울은 로마를 수단으로만 보았을 것입니다. 제가 바울이었다면 속으로 이렇게 생각했을 것 같습니다. '스페인에 가야하는데, 너무 멀고 돈도 없구나. 내가 돈이 있으면 로마의 너희들에게 굳이 달라고 할 필요도 없을 텐데, 가기 전에 어쩔 수 없이 로마를 거쳐서 헌금도 좀 받고 해야겠어. 그렇지 않으면 내가 계획한 목표를 쉽게 이룰 수 있었을 텐데, 너희들과 시간도 보내고 복음을 설명하면서 거쳐 가야 하는구나.'

바울은 자신의 목표가 어디서부터 온 것인지 다시 설명합니다. 자기가 스페인에 가고 싶어서일 뿐이지, 로마는 자신이 세운 목표가 아니라는 것입니다. 바울은 왜 스페인으로 가려는 목표를 세우게 되었습니까? 그 시작에는 하나님의 부르심이 있었음을 로마서 서두에서 이렇게 소개합니다.

> 예수 그리스도의 종 바울은 사도로 부르심을 받아 하나님의 복음을 위하여 택정함을 입었으니(롬 1:1).

하나님의 부르심 아래에서 생긴 목표이기 때문입니다. 그 다음 그는 위대한 고백을 합니다.

> 이는 곧 내가 너희 가운데서 너희와 나의 믿음으로 말미암아 피차 안위함을 얻으려 함이라(롬 1:12).

피차 안위함을 얻는다는 말이 무엇입니까? 너희에게도 유익이 되고, 나에게도 유익이 되는 시간이 될 것이라는 말입니다. 그 목표를 이루는 과정 속에서 생기는 일들도 자신은 수단으로 보지 않고, 결코 헛되다고 보지 않는다는 것입니다. 즉, 스페인이라는 목표는 결국 하나님의 부르심 속에서 생긴 목표이기 때문에, 하나님의 부르심 속에서 거리의 문제로, 재정의 문제로 어쩔 수 없이 들려야 하는 로마 방문의 순간을 나는 귀찮다고 생각하지 않고 결코 헛되다고 보지 않는다는 것입니다.

바울은 목표 달성을 방해하거나 부족하게 느껴지는 순간들을 자신의 삶의 실패와 연약함으로 보지 않았습니다. 오히려 그 과정도 하나님의 계획이 더 크게 성취되는 과정 중에 있음을 확신했습니다. 바울은 어쩔 수 없이 로마에 방문해야 하니 로마에 있는 그리스도인들에게 자신을 설득해야 했습니다. 자신이 건강한 복음에 대한 인식을 가지고 있고, 전하려는 복음이 무엇인지 설명해야 했습니다. 자신의 선교 계획도 설명해야 했습니다. 그렇게 적게 된 서신이 로마서입니다. 하나님은 바울이 스페인으로 가려는 선교 계획의 과정 중에, 로마서라는 더 위대한 계획을 포함시키고 계셨던 것입니다. 하나님이 모든 계획의 주관자이시며, 더 큰 계획의 창조자이심을 믿게 되면, 목표를 이루기 위해 거쳐 가는 과정도 기대함과 성실로 감당할 수 있습니다.

목표를 방해하는 장애물들

내 인생에도 목표를 방해하는 장애물들이 있습니다. 부족함들이 있습니다. 만약 행복한 가정이 목표인데, 내가 지금 싱글이라면 어떻습니까? 지금 나의 삶은 나의 목표를 향해 넘어가야 할 장애물일 뿐입니다. 부자가 되는 것이 목표입니다. 그런데 지금 우리 집은 가난합니다. 그렇다면 내가 가난하게 사는 순간은 목표를 이루지 못하는 장애물이 될 뿐입니다. 능력있는 삶이 목표인데, 내 재능의 부족함을 뼈져리게 느낀다면, 능력 없는 내 삶은 내 행복을 방해하는 장애물이 될 것입니다.

그러나 우리는 부름 받은 삶의 특징을 요약할 수 있습니다. 하나님의 부름 받은 자들의 삶은 무엇이 다릅니까? **과정까지 유익으로 보게 된다**는 것입니다. 목표와 과정이 분리되지 않습니다. 지금까지 그것들은 내 목표를 방해하는 장애물이라고 생각했습니다. 하지만 아닙니다. 목표를 제대로 이룰 수 없고, 목표 달성에 실패한 이 모든 상황 속에서 하나님이 새롭게 인도하실 것을 신뢰할 수 있습니다.

4
인식형(P)의 거듭남
압박과 강요의 시간

통제가 싫어요

인식형이 제일 싫어하는 것은 통제입니다. 이 사람들은 얼마나 하나님을 믿기 어려울까요? 모든 만물을 통제하시며, 내 인생의 일거수일투족을 통제하시는 분이 하나님이시라면, 인식형은 하나님을 자신의 인생을 압박하는 분으로 느낄 수밖에 없을 것입니다.

내 인생 최고의 행복은 나의 자유가 최대한으로 확보될 때 온다고 생각하며 삽니다. 그래서 인식형의 사람들이 하나님께 구하는 것은 더 많은 자유입니다. 인식형의 사람들은 이 부분을 변화되기 어려워합니다. "결국 하나님의 통제에 굴복하라는 이야기잖아요"라고 느낍니다.

인식형의 사람들은 겉으로 보이는 행동을 변화시키려고 하면 안 됩니다. 내 인생에 깔려 있는 깊은 전제를 돌아봐야 합니다. 인식형 인생의 전제에는, '나의 자유로움이 최고의 성과를 낼 수 있다'라는 교만이 자리 잡고 있습니다. 상대가 나를 통제하는 바람에 창의력과 상상력, 내 모든 독창성이 죽게 된다는 것입니다.

그러나 거듭난 그리스도인들은 다르게 생각해야 합니다. 최고의 효율은 자유가 아니라 순종에서 온다는 것입니다. 나의 자유로움이 게으름을 용납한다는 말이 되어서는 안 됩니다. 자유로움이 나의 날카로움과 독선을 용납하게 해서는 안 됩니다. 자유로움은 무질서를 말하는 것이 아닙니다. 하나님은 자신의 계획을 위해서 계획에 없던 일을 통해 압박하십니다.

부당한 상황은 없다

인식형은 목표와 통제를 너무나도 싫어합니다. 그러다보면 자연스럽게 '목표는 나쁜 것'이라는 결론까지 도달하게 됩니다. 과연 그렇습니까? 인식형이 거듭나야 할 부분이 바로 여기에 있습니다. 목표를 세우는 것을 싫어한다고 해서, 목표를 부정하는 데까지 나아가선 안 된다는 것입니다. 즉, 하나님이 사람을 위해 주신 율법이 있는데, 율법을 지키기 어렵고 지키기 싫다고 해서 율법 자체를 나쁜 것이라고 말하면 안 된다는 말입니다. 바로 이 현상을 바울은 로마서에서 이렇게 설명하고 있습니다.

그런즉 우리가 무슨 말을 하리요 율법이 죄냐 그럴 수 없느니라 율법으로 말미암지 않고는 내가 죄를 알지 못하였으니 곧 율법이 탐내지 말라 하지 아니하였더라면 내가 탐심을 알지 못하였으리라 이로 보건대 율법은 거룩하고 계명도 거룩하고 의로우며 선하도다(롬 7:7-12).

율법은 결코 나쁜 것이 아니므로, 율법 자체, 목표 자체를 부정해서는 안 됩니다. 인식형 사람들의 삶에는 이렇게 적용할 수 있습니다. 주변의 사람과 환경이 나의 자유를 빼앗고 이런저런 일을 시키며 압박하는 상황에 놓여 있으신가요? 하나님이 내게 주신 상황 중에는 **결코 부당한 상황이 없습니다.** 이것이 인식형의 사람이 가져야 할 확신입니다.

인식형의 사람들은 내가 속한 삶 속에서 목표 때문에 압박을 받고 부담감을 느끼는 것을 싫어합니다. 예를 들어, 회사에서 성과도 못 낸다고 윗사람에게 쓴소리를 듣고 있다고 해 보겠습니다. 나는 열심히 했는데도 결과가 이런 것을 나보고 어떻게 하라는 걸까요? 내가 이런 자리에 있어야 할까요? 이런 압박을 받느니 차라리 회사를 그만두고 자유롭게 사는 게 낫지 않을까요?

엄마로서 나는 아이를 키우는 데 재능이 없는 것 같습니다. 아이들도 내 말을 듣지 않고, 아이를 잘 키워야 한다는 압박감이 점점 나에게 죄책감으로 다가옵니다. 차라리 그때 아이를 낳지 않는 것이 좋은 선택 아니었을까요? 나는 충분히 좋은 부모가 아니라는 생각이 계속 듭니다.

위의 모든 상황에 공통적으로 흐르는 전제가 무엇입니까? 괜히 만들어 놓은 좋은 목표 때문에 내가 부당하고 힘든 상황을 경험하고 있다는 것입니다. 그러나 율법 자체를 부당하게 평가하면 안 됩니다. 상황적으로 부당하고, 내 자신은 실패자 같고, 삶의 기쁨이 없는 것 같은 상황 속에서도 하나님을 신뢰하고 그 자리에 거해야 합니다. 우리에게 부당하게 주신 삶은 없습니다. 그 마음을 갖게 될 때, 온갖 압박감 속에서도 단순히 자유를 찾아 나서는 것이 아니라 압박 속에서 이끄시는 하나님의 인도하심을 만날 수 있습니다.

가시를 주신 하나님

마르타 스넬 니콜슨이라는 분이 쓰신 〈가시〉(The thorn)라는 시가 있습니다. 하나님이 주신 선물이 가시였다는 내용인데, 마지막 2행 연구의 내용이 이렇습니다.

나는 하나님의 왕좌 앞에 그분의 거지로 서서
그분께, 내 것이라 부를 수 있는 아주 특별한 선물 하나를 달라고 구걸했다.
내가 그분의 손에서 그 선물을 받고 떠나려 할 때

"그런데 주님, 이건 가시라서 내 마음을 찔렀나이다" 하고 외쳤다.

그대가 나에게 주신 이것은 상처를 입히는 이상한 선물입니다.
그분은 "내 자녀야, 나는 좋은 선물을 준단다. 최고의 선물을 너에게 주었다" 하고 말씀하셨다.

나는 그걸 집에 가져갔고, 처음에는 그 날카로운 가시가 상처를 주었으나, 몇 년이 흐르면서 나는 마침내 그것을 점점 더 사랑하는 법을 배우게 되었다.

그분은 이 은혜를 더하지 않고는 결코 가시를 주시지 않는다는 것을 배웠다.
그분은 그 가시를 갖고 그의 얼굴을 가리는 베일을 찔러 제치신다는 것. (He takes the thorn to pin aside the veil which hides His face.)[42]

가시는 나의 인생을 아프게 만들기에, 이것을 없애고 자유로워지고 싶었습니다. 그런데 가시가 하는 일이 나중에 발견됩니다. 가시는 하나님을 가리는 베일을 찔러 제칩니다. 가시는 하나님의 얼굴을 바로 볼 수 있도록 만듭니다. 하나님의 일하심이 바로 이렇습니다. 가시가 나의 자유를 제한하는 줄 알았는데, 하나님이 주신 상황 중에 부당한 상황이란 없었습니다. 하나님을 신뢰하고 압박과 강요의 시간을 선용해야 합니다. 부당함을 통해서도 하나님은 얼마든지 일하실 수 있음을 인정해야 합니다.

갈등을 수용하기

목표를 두고 무언가를 실행하려고 하면 여러 가지 시행착오와 갈등이 생깁니다. 쉽게 말하면 인생 살기가 너무 고단해지는 것 같습니다. 그러니까 갈등 없이, 고민 없이 차라리 편하게 살고 싶습니다. 그것이 인식형의 마음입니다.

그러나 하나님은 하나님의 인도하심을 따라갈 때 갈등이 생긴다고 해서, 그것이 곧 불행한 삶과 연결되는 것이 결코 아님을 말씀하십니다.

> 내 속사람으로는 하나님의 법을 즐거워하되 내 지체 속에서 한 다른 법이 내 마음의 법과 싸워 내 지체 속에 있는 죄의 법으로 나를 사로잡는 것을 보는도다 오호라 나는 곤고한 사람이로다 이 사망의 몸에서 누가 나를 건져내랴 우리 주 예수 그리스도로 말미암아 하나님께 감사하리로다 그런즉 내 자신이 마음으로는 하나님의 법을 육신으로는 죄의 법을 섬기노라(롬 7:22-25).

바울이 자아분열 같은 이야기를 합니다. 내 안에 두 개의 내가 있다고 합니다. 하나님을 원하기는 하는데, 하나님의 뜻을 행하지 않는 내 자신도 동시에 보게 됩니다. 바울이 묘사하는 자신의 상황은 갈등 상태입니다. 자신의 내면에 갈등이 있다는 말입니다. 그런데 그 상황을 두고 하나님 앞에 감사를 고백합니다. 갈등이 극복되어서 감사한 것인가요? 아닙니다. 고민이 해결되어서 감사한 것인가요? 아닙니다. 그냥 내적인 갈등과 압박이 있는 이 상태가 감사하다는 말입니다.

우리 삶의 특정 과정 중에는 분명히 갈등이 포함되어 있습니다. 내가 인식형의 사람이라면, 하나님이 주시는 기쁨과 자유의 과정 중에는 분명히 갈등이 포함되어 있음을 깨달아야 합니다. 그것은 결코 내 자유를 앗아가는 것이 아닙니다. 바울은 내적인 갈등 속에서 내가 곤고한 사람이라는 것을 깨닫게 하신 것에 대해 감사하고 있습니다.

하나님이 허락하신 이러한 갈등은 극복이 목적이 아닙니다. 하나님은 나의 무능과 무력을 인정하게 하시는 데에 많은 시간을 쓰십니다. 내 안에 죄성이 그렇게도 악하고, 내 안에 반항심이 그렇게도 강하고, 내 안에 가진 것, 내 능력이 그렇게도 약하다는 것을 깨닫게 만드십니다. 그래서 갈등이 필요합니다. 갈등을 피해야 기쁨과 자유가 있는 것이 아니라, 갈등을 직면하고 통과해야 우리에게 참 자유가 옵니다.

갈등이 캐릭터를 만든다

 작가들을 위해서 글쓰기를 지도하는 안젤라 애커만이라는 분이 계십니다. 결국 어떠한 스토리가 사람들에게 읽히고 사랑받으려면 매력 있는 캐릭터를 만들어 내야 하는데, 그런 캐릭터는 과연 어떻게 만들어지는지 고민하시는 분입니다. 매력 있는 캐릭터의 핵심이 무엇일까요? 바로 갈등이었습니다. 그분은 갈등이라는 요소를 이렇게 설명합니다.

 그리고 이 지점에서 우리는 다음과 같은 진정한 아이러니에 도달하게 된다. 바로 승리의 순간을 그토록 강렬하고 확실하며 만족스러운 것으로 만들어 주는 요인이 '승리하기 위해 무엇을 희생해야 하는지 아는 것'이며 '승리에는 크나큰 노력과 희생과 대가가 필요하다는 것'이다. 이러한 승리감은 대립과 장애와 문제가 있어야만 느낄 수 있다. 요컨대 갈등이 있는 곳에 승리도 있다는 뜻이다. 따라서 현실을 사는 우리는 역경을 좋아하지 않고 대개 피하려 노력하지만, 사실 그것을 극복하는 행위는 우리를 진정으로 살아 있다고 느끼게 해 준다.[43]

 율법은 갈등 속에서 내가 말한 목표를 이루었는지 그렇지 못했는지 물어봅니다. 복음은 그렇지 않습니다. 예수님께서 나를 대신해서 모든 율법을 이루셨습니다. 그렇다면 내 인생에서 여러 고민과 무력, 압박과 갈등 속에 빠지게 만드시는 것은 나를 시험하시고 불합격시키려고 하시는 것이 아닙니다. 가장 실패했을 때, 가장 고민할 때, 그 때 내가 가장 견고해지고 매력적으로 변화되기 때문에 허용하시는 것입니다.

가장 무너졌을 때 내 곁에 끝까지 계신 분이 하나님이었음을 그때 깨달을 수 있습니다. 안 무너졌다면 아마 몰랐겠지요. 이 갈등이 아니었으면 내 바닥을 보지 못했을 것입니다. 하나님이 허용하시는 갈등은 나의 자유와 기쁨을 위함입니다. 갈등은 나의 매력을 만들어 가시는 과정인 것입니다.

안전의 보장

갈등이 캐릭터를 만든다는 말이, 영화나 다른 사람 이야기로서는 흥미롭지만, 인식형의 사람들이 자신의 삶에 적용하기는 쉽지 않습니다. 내가 삶의 갈등과 압박에 잘못 휘말렸다가는 내 인생이 안전하지 않다는 위험이 늘 도사리고 있기 때문입니다.

실생활에서는 피하려고 애쓰지만, 픽션에서는 넘칠수록 더 원하게 되는 게 갈등이라니. (…) 책 속에서는 갈등을 경험한다 해도 안전이 보장되기 때문이다. 다시 말해 이야기 속에서 벌어지는 끔찍한 일은 내가 아닌 누군가에게 일어나는 일로 조금 거리를 두고 받아들이게 된다.[44]

그러나 거듭난 인식형의 사람들은, 내가 다시 사람들과 섞이고, 목표의 압박감에 시달리고, 여러 관계와 선택지 중에 갈등을 겪는 중에도 내 인생의 기쁨이 빼앗기지 않을 수 있다는 안전을 보장받을 수 있습니다. 예수님을 볼 때 가능합니다.

우리의 인생에 가장 위험한 갈등은 무엇입니까? 가장 색이 다른 두 가지가 만나는 것입니다. 생명과 죽음이 갈등하는 것입니다. 인간과 하나님이 갈등하는 것입니다. 완전한 선과 완전한 죄인이 만나는 갈등입니다. 예수님은 우리 인생의 갈등 속에서 분명한 안전을 만들어 내셨습니다.

> 자녀들은 혈과 육에 속하였으매 그도 또한 같은 모양으로 혈과 육을 함께 지니심은 죽음을 통하여 죽음의 세력을 잡은 자 곧 마귀를 멸하시며(히 2:14).

예수님은 생명을 죽이려는 죽음과 갈등을 일으키셨지만, 결국 이 모든 십자가라는 치열한 갈등의 과정을 통해서 우리의 죽음이 생명되게 만들어 주신 분이십니다.

그분을 믿을 때 우리의 인생도 확신할 수 있습니다. 내가 하나님 앞에서 죄인으로서 당해야 할 죽음의 갈등을 모두 감당하셨다면, 주님 뜻대로, 그분이 원하시는 목표대로 살아갈 때 생기는 갈등도 이제 담대히 받아들일 수 있습니다.

겉으로 볼 때는 하나님의 뜻대로 살아보려고 이런저런 고민을 하다가 오히려 내 삶의 기쁨과 자유를 빼앗기게 되는 것 같지만, 예수님이 죽음에서 생명을 만들어 내셨음을 볼 때 나도 이 갈등의 과정을 통하여서 더 나은 기쁨과 자유를 맞이할 수 있음을 확신할 수 있는 것입니다.

계획의 모순

판단형과 인식형의 차이를 가르는 중요한 단어는 계획이었습니다. 한 쪽은 계획을 중요하게 생각하고, 다른 쪽은 소홀히 여긴다는 점에서 차이가 있는 것 같아도, 이 두 사람 모두 근본적으로 계획이 가지는 한계에 부딪힐 수밖에 없습니다.

인간의 계획은 제대로 성취될 수 없는 근본적인 결함을 가지고 있는데 그 결함이 뭘까요? 바로 모든 사람은 언제 죽을지 모른다는 것입니다.

> 또 내가 내 영혼에게 이르되 영혼아 여러 해 쓸 물건을 많이 쌓아 두었으니 평안히 쉬고 먹고 마시고 즐거워하자 하리라 하되 하나님은 이르시되 어리석은 자여 오늘 밤에 네 영혼을 도로 찾으리니 그러면 네 준비한 것이 누구의 것이 되겠느냐 하셨으니 자기를 위하여 재물을 쌓아 두고 하나님께 대하여 부요하지 못한 자가 이와 같으니라 (눅 12:19-21).

영원한 생명이라는 부요함이 없으면서 계획을 세웠다고 말하는 것 자체가 모순입니다. 이 죽음을 인정할 때, 인간의 모든 계획의 근원은 하나님이심을 다시 인정할 수 있습니다. 사람의 계획은 죽음으로 무산되는 것 같으나, 예수님이 이 땅에 오셔서 죽으심을 통하여 우리를 다시 살리시고 영생의 계획을 우리에게 이루어 가심을 깨달을 때, 나도 이제 어떤 기질의 사람이든 근본적으로 하나님의 계획을 중심으로 내 삶을 다시 재편할 수 있습니다.

판단형의 사람이지만, 나의 계획이 전부가 아님을 인정할 수 있기를 바랍니다. 나의 계획이 무산되는 상황 속에서도, 하나님의 계획을 발견하기를 원합니다. 나의 목표만 이루려고 하지 않고, 하나님이 주신 목표를 이루어 가는 그 모든 과정도 나에게 유익함을 믿기를 원합니다. 인식형의 사람이지만, 내 자유가 전부가 아님을 인정합니다. 자유를 누리기를 원한다고 율법의 선함과 목표의 선함까지 부정하지 않기를 원합니다. 부당한 압박감과 어려움을 느끼게 하시는 상황 속에서 분명 베일이 걷히고 하나님을 만나게 하시는 과정이 있음을 믿습니다. 갈등을 피하는 것이 자유가 아니라, 하나님과 인간 사이의 갈등을 해결하신 예수님을 닮아, 삶의 갈등 속에서 내 인생의 매력을 만들어 가시는 하나님을 만나기를 원합니다.

이것이 판단형과 인식형의 사람들이, 예수님이 먼저 가신 길을 따라 하나님의 계획에 참여하는 참된 모습입니다.

하나님의 성격 수업 One-point lesson

판단(J) vs 인식(P)

"플랜 A가 안 되면 플랜 B로!" 판단형의 사람

하나님은 판단형의 사람에게 우선순위(priority)를 매길 수 있는 기질을 선물을 주셨다. 계획된 대로 흘러가기를 원하는 그들에게는 통제된 환경을 위해 '질문과 알람'이라는 선물을 준비해 보자. 계획이 흐트러질 때 실패했다고 느끼는 그들의 거듭남은, 무산되고 좌절된 계획 속에서도 하나님의 계획이 새롭게 일하실 수 있음을 믿는 것이다. 선교 계획이 바뀌어도 하나님을 신뢰했던 바울처럼 목표를 향해 가는 과정 자체에도 선함이 있음을 믿자.

"계획이 변경된다고? 오히려 좋아!" 인식형의 사람

하나님은 인식형의 사람에게 위험(risk)을 기회로 여길 수 있는 기질을 선물로 주셨다. 새로움을 좋아하는 인식형에게는 '몰아침과 변화'를 선물해 보자. 통제와 정형화된 목표를 싫어하는 인식형의 거듭남은 갈등 또한 자유 안에 포함된 것임을 인정하는 것이다. 하나님 안에서 우리는 압박과 부담감에도 불구하고 인생의 기쁨을 빼앗기지 않음을 믿자.

주

1) https://wonderfulmind.co.kr/personality-temperament-character/
2) https://wonderfulmind.co.kr/personality-temperament-character/
3) 고영재, 『당신이 알던 MBTI는 진짜 MBTI가 아니다』(인스피레이션, 2022), pp. 32-38.
4) 김재수(렘군), 『아웃풋 법칙』(더퀘스트, 2023), pp. 130-37.
5) 애덤 맥휴, 『내향적인 그리스도인을 위한 교회 사용 설명서』(IVP, 2022), pp. 34-35.
6) https://www.huffingtonpost.kr/news/articleView.html?idxno=118969
7) 애덤 맥휴, 『내향적인 그리스도인을 위한 교회 사용 설명서』, pp. 68-69.
8) 백종화, 『일하는 사람을 위한 MBTI』(중앙북스, 2022), p. 73.
9) 같은 책, p. 35.
10) 애덤 맥휴, 『내향적인 그리스도인을 위한 교회 사용 설명서』, pp. 92-93.
11) 댄 설리번, 『누구와 함께 일할 것인가』(비즈니스북스, 2023), p. 18.
12) 존 레녹스, 『신을 죽이려는 사람들』(두란노, 2017), p. 133.
13) 웨인 그루뎀, 『기독교 윤리학 (상)』,(부흥과개혁사, 2020), p. 207.
14) 같은 책, p. 208.
15) 알리스터 맥그래스, 『믿음이란 무엇인가』(성서유니온, 2014), pp. 34-36.
16) 토머스 네이글, 『이 모든 것은 무엇을 의미하는가?』(궁리, 2014), p. 132.
17) 같은 책, pp. 133-34.
18) 같은 책, p. 138.
19) 백종화, 『일하는 사람을 위한 MBTI』, p. 109.
20) 같은 책, p. 108.
21) 하워드 테일러, 『소명과 순종사이』(브니엘, 2022), p. 35.
22) 같은 책, p. 43.

23) 같은 책, p. 45.
24) 같은 책, p. 47.
25) 티시 해리슨 워런, 『오늘이라는 예배』(IVP, 2019), pp. 30-31.
26) 문병호, 『기독론』(생명의말씀사, 2016), p. 330.
27) 레베카 맥클러플린, 『기독교가 직면한 12가지 질문』(죠이북스, 2021), p. 85.
28) 같은 책, p. 93.
29) 김종원 작가의 글. 『66일 밥상머리 대화법』의 저자이기도 하다.
30) 은현장, 『나는 장사의 신이다』(떠오름, 2021), pp. 165-66.
31) 김형익, 『율법과 복음』(두란노, 2018), p. 132.
32) 남택의 페이스북. 『우동, 건축 그리고 일본』의 저자이기도 하다.
33) 오타 하지메, 『인정받고 싶은 마음』(웅진지식하우스, 2020), p. 45.
34) 같은 책, pp. 44-45.
35) 팀 켈러, 『센터처치』(두란노, 2016), p. 143
36) 에드워드 피셔, 『개혁신앙의 정수』(부흥과개혁사, 2018), pp. 223-25.
37) 같은 책, p. 212.
38) 싱클레어 퍼거슨, 『온전한 그리스도』(디모데, 2018), p. 205.
39) 알렉스 퍼거슨 · 마이클 모리츠, 『리딩』(알에이치코리아, 2016), pp. 359-60.
40) 편해문, 『놀이터, 위험해야 안전하다』(소나무, 2015), p. 249.
41) 존 파이퍼, 『진리의 영웅들』(부흥과개혁사, 2008), pp. 114-15.
42) 존 파이퍼, 『섭리』(생명의말씀사, 2021), p. 414.
43) 안젤라 애커만 · 베카 푸글리시, 『딜레마 사전』(월북, 2022), p. 16.
44) 같은 책, p. 15.

사명선언문

너희가 흠이 없고 순전하여……세상에서 그들 가운데 빛들로
나타내며 생명의 말씀을 밝혀 _ 빌 2:15-16

1. 생명을 담겠습니다
만드는 책에 주님 주신 생명을 담겠습니다.
그 책으로 복음을 선포하겠습니다.

2. 말씀을 밝히겠습니다
생명의 근본은 말씀입니다.
말씀을 밝혀 성도와 교회의 성장을 돕겠습니다.

3. 빛이 되겠습니다
시대와 영혼의 어두움을 밝혀 주님 앞으로 이끄는
빛이 되는 책을 만들겠습니다.

4. 순전히 행하겠습니다
책을 만들고 전하는 일과 경영하는 일에 부끄러움이 없는
정직함으로 행하겠습니다.

5. 끝까지 전파하겠습니다
모든 사람에게, 땅 끝까지, 주님 오시는 그날까지
복음을 전하는 사명을 다하겠습니다.

서점 안내

광화문점	서울시 종로구 새문안로 69 구세군회관 1층 02)737-2288 / 02)737-4623(F)
강남점	서울시 서초구 신반포로 177 반포쇼핑타운 3동 2층 02)595-1211 / 02)595-3549(F)
구로점	서울시 동작구 시흥대로 602, 3층 302호 02)858-8744 / 02)838-0653(F)
노원점	서울시 노원구 동일로 1366 삼봉빌딩 지하 1층 02)938-7979 / 02)3391-6169(F)
일산점	경기도 고양시 일산서구 중앙로 1391 레이크타운 지하 1층 031)916-8787 / 031)916-8788(F)
의정부점	경기도 의정부시 청사로47번길 12 성산타워 3층 031)845-0600 / 031)852-6930(F)
인터넷서점	www.lifebook.co.kr